신방수 세무사의
비거주자 부동산 절세 가이드북

해외 거주자의 부동산 세금에 대한
해법을 완벽히 제시한다!

신방수 세무사의
비거주자
부동산 절세
가이드북

신방수 지음

두드림미디어

국내 거주자는 국내에 주소를 두고 생활하고 있는 국민과 국내에 거소(居所)를 마련하고 일정 기간 생활을 하는 외국인을 말한다. 이에 반해 비거주자는 주로 외국에서 생활하는 국민이나 외국인을 말한다. 그런데 요즘은 거주자와 비거주자의 구분이 잘 안 되는 경우가 많다. 국가 간의 이동이 쉬워지면서 그 경계를 확인하기가 힘들기 때문이다. 이러한 근본적인 이유로 인해 거주자와 비거주자에게 맞는 세제를 적용하는 것이 힘들게 된다. 부동산 세금만 해도 거주자와 비거주자에게 적용되는 내용에서 차이가 있기 때문이다. 예를 들어 전자에 대해서는 비과세 같은 혜택을 주지만 비거주자에 대해서는 이러한 혜택을 부여할 이유가 없다. 이러다 보니 곳곳에서 잘못된 세금처리 때문에 곤란을 겪는 일들이 자주 발생하고 있는 것이 작금의 현실이다.

이 책은 이러한 배경 아래 비거주자의 부동산과 관련된 각종 세제를 이해하는 관점에서 집필되었다. 그렇다면 이 책의 장점은 무엇일까?

첫째, 국내 최초로 비거주자의 부동산 세금을 모두 다루었다.

이 책은 총 8장으로 구성되었다. 제1장은 비거주자의 국내 부동산과 관련된 세무상 쟁점을, 제2장은 비거주자 부동산 세무에 가장 난해하다고 여기는 거주자와 비거주자의 판단에 대해 심층분석을 했다. 이후 제3장부터 제8장까지는 세목별로 거주자와 비거주자의 세무상 쟁점을 비교하면서 비거주자의 세무처리법을 이해할 수 있도록 했다.

- 제1장 비거주자의 국내 부동산과 세무상 쟁점
- 제2장 국내 거주자와 비거주자의 판단
- 제3장 비거주자의 부동산 취득과 세금
- 제4장 비거주자의 부동산 보유·임대와 세금
- 제5장 비거주자의 부동산 양도절차의 모든 것
- 제6장 비거주자의 양도세 비과세 전략
- 제7장 비거주자와 상속세 세무처리법
- 제8장 비거주자와 증여세 세무처리법

둘째, 실전에 필요한 다양한 사례를 들어 문제해결을 쉽게 하도록 했다.

모름지기 책은 정보를 단순하게 나열하는 것보다는 입체적으로 전달하는 것이 훨씬 값어치가 있을 것이다. 이러한 관점에 따라 이 책은 기본적인 내용은 물론이고 실전에 필요한 사례를 최대한 발굴해 이해의 깊이를 더할 수 있도록 노력을 많이 했다. 저자가 현장에서 문제를 어떻게 해결하는지를 지켜보는 것만으로도 이와 유사한 세무문제를 손쉽게 해결할 수 있을 것으로 기대한다. 다만, 비거주자의 경우에는 세무 외 행정절차도 중요하므로, 이에 대해서는 요즘 주목받는 대화형 AI 챗 GPT(Chat GPT)를 통해 정확한 정보 전달을 하고자 했다.

셋째, 비거주자가 스스로 부동산 세금을 유리하게 다룰 수 있도록 다양한 정보를 제공하고자 했다.

비거주자와 거주자의 과세방식에서 차이가 크게 난다. 따라서 본인이 처한 상황에 따라 본인에게 맞는 절세 전략을 찾는 것이 필요하다. 이 책은 이러한 점에 착안해 세목별로 비거주자가 유리한지 거주자가 유리한지 등에 대해 여러모로 분석했다. 예를 들어 영주권자가 국내의 부동산을 거주자 상태에서 양도하는 것이 유리한지 비거주자 상태에서 양도하는 것이 유리한지, 상속세는 어느 나라에 과세되는 것이 유리한지 등이 이에 해당한다. 이 외에도 납세관리인제도, 대주주가 해외 이주 시 국내 보유 주식에 대한 양도세 납세의무 등도 추가했다. 이러한 정보는 당사자에게는 매우 중요한 정보임에 틀림이 없다.

이 책은 국내 최초로 비거주자의 국내 부동산과 관련해 발생하는 취득세, 보유세, 임대소득세, 양도소득세, 상속세, 증여세 등을 정통으로 다루었다. 따라서 영주권자 등 비거주자와 그 가족은 물론이고 이들에 대한 각종 업무처리를 담당하고 있는 은행 종사자나 세무회계 업계 그리고 자산관리 업계 등에 종사하는 분들이 보면 좋을 내용으로 가득 차 있다. 다만, 비거주자 부동산 세금을 다룬 책이 처음으로 나오다 보니 어떤 독자는 다소 생소하게 느껴질 수 있을 것이다. 이에 저자는 누구라도 편하게 책을 볼 수 있도록 최대한 쉽게 쓰고자 노력했다. 다만, 독자에 따라서는 일부 내용에 대해 이해하기 힘들 수 있는데, 이때에는 저자가 운영하는 네이버 카페(신방수세무아카데미)를 통해 궁금증을 해소하기 바란다. 이곳에서는 실시간 세무 상담은 물론이고 최신의 세무 정보와 각종 세금 계산기 등도 장착되어 있어 활용도가 높을 것이다.

이 책은 많은 분의 응원과 도움을 받았다. 우선 이 책의 내용에 대한 오류 및 개선 방향 등을 지적해주신 권진수 회계사님과 KDB산업은행 세무전문위원 이영진 파트장님께 감사의 말씀을 드린다. 이분들의 앞날에 무궁한 발전이 있기를 기원한다. 그리고 항상 저자를 응원해주시는 카페회원들, 가족의 안녕을 위해 늘 기도하는 아내 배순자와 젊은 날에 자기의 인생을 위해 고군분투하고 있는 두 딸 하영이와 주영이에게도 감사의 말을 전한다.

아무쪼록 이 책이 비거주자의 부동산 세무처리에 능통하고 싶은 분들에게 작은 도움이라도 되었으면 한다.

독자들의 건승을 기원한다.

역삼동 사무실에서
세무사 **신방수**

차례

제 1 장 비거주자의 국내 부동산과 세무상 쟁점

제 2 장 국내 거주자와 비거주자의 판단

제 3 장 비거주자의 부동산 취득과 세금

제 4 장 비거주자의 부동산 보유·임대와 세금

비거주자의 부동산 양도절차

 비거주자 양도세 비과세 전략

제 7 장 비거주자와 상속세 세무처리법

 제 8 장 비거주자와 증여세 세무처리법

| 일러두기 |

이 책을 읽을 때는 아래 사항에 주의하시기 바랍니다.

1 개정세법의 확인

이 책은 2024년 12월 중순에 적용되고 있는 세법을 기준으로 집필되었습니다. 실무에 적용 시에는 그 당시에 적용되고 있는 세법을 확인하는 것이 좋습니다. 세법 개정이 수시로 일어나기 때문입니다.

2 용어의 사용

이 책은 다음과 같이 용어를 사용하고 있습니다.

- 소득세법(시행령) ▶ 소득법(소득령)
- 부가가치세법(시행령) ▶ 부가세법(부가령)
- 상속세 및 증여세법(시행령) ▶ 상증법(상증령)
- 종합부동산세법(시행령) ▶ 종부세법(종부세령)
- 조세특례제한법(시행령) ▶ 조특법(조특령)
- 지방세특례제한법(시행령) ▶ 지특법(지특령)
- 양도소득세 ▶ 양도세
- 종합부동산세 ▶ 종부세 등

3 세금 계산기 등 세무 정보

- 조정대상지역(조정지역), 투기지역 현황 등은 대한민국 전자관보를 통해 확인할 수 있습니다.
- 부동산 세금 계산기는 홈택스 홈페이지나 저자가 운영하는 네이버 카페를 활용할 수 있습니다.
- 기타 수시로 발표된 정부의 세제 정책에 대한 정보 등은 저자의 카페에서 제공하고 있습니다.

4 책 내용 및 세무 상담 등에 대한 문의

책 표지의 안 날개 하단을 참조하시기 바랍니다. 특히 세무 상담은 저자의 카페에서 자유롭게 할 수 있으니 잘 활용하시기 바랍니다.

제 **1** 장

비거주자의
국내 부동산과
세무상 쟁점

비거주자가 부동산 세금을 알아야 하는 이유

　지금부터는 국내에서 거주하지 않고 주로 해외에서 거주하고 있는 사람들의 한국 내 부동산 관련된 세금에 대해 알아보자. 한국의 세법은 국내에서 주로 거주하는 사람을 '거주자'란 표현을 사용하며, 거주자가 아닌 자를 '비거주자'로 구분한다. 그리고 이들에 대해 차별적으로 세법을 적용한다. 따라서 거주자나 비거주자 모두 세금으로부터 재산을 방어하기 위해서는 이를 알아야 한다. 다음에서는 주로 비거주자의 관점에서 한국 내의 부동산에 대한 세금을 알아야 하는 이유를 더욱 구체적으로 알아보자.

　첫째, 거주자와 과세방식의 차이점을 이해해야 하기 때문이다.
　비거주자도 국내에서 부동산을 취득 및 보유, 임대 그리고 양도를 할 수 있다. 이외에 국내의 부동산을 증여할 수도 있고 상속도 할 수 있다. 이러한 과정에서 다양한 세금이 발생할 수밖에 없다. 여기서 관건은 비거주자의 부동산에 대한 과세방식이 거주자와 어떤 차이가 있는지를 정확히 구별하는 것이다.

☞ 비거주자의 부동산에 대한 세금체계를 이해하기 위해서는 선행적으로 거주자의 부동산 세금체계를 정확히 이해하고 있어야 한다. 이 책은 거주자의 세제와 비거주자의 세제를 비교하는 식으로 이해해보고자 한다.

둘째, 본인에게 불리하게 작용하는 경우, 대처방법을 찾을 수 있어야 하기 때문이다.

앞에서 잠깐 언급했듯이 비거주자는 국내 거주자와는 다르게 세법을 적용한다. 예를 들어 국내 거주자에게는 1세대 1주택 비과세를 폭넓게 적용하지만, 비거주자는 원칙적으로 이러한 제도를 적용하지 않는다. 세금 우대는 국내 거주자에게 주어지는 것이 원칙이기 때문이다. 따라서 비거주자의 관점에서 국내 거주자처럼 세금 우대를 받고 싶다면 국내 거주자가 되는 수밖에 없다. 물론 그 방법은 불가능한 것은 아니다.

셋째, 이중과세 방지 등을 위해서다.

비거주자가 소유하고 있는 국내 부동산에서 발생하는 임대소득세나 양도세, 상속세나 증여세는 비거주자가 거주하고 있는 외국에서도 과세될 수 있다. 따라서 한 소득에 대해 양국에서 과세될 수 있으므로, 비거주자가 이중과세를 적용받지 않기 위해서는 양국의 세무신고절차 등을 이해해야 한다.

☞ 이 책은 비거주자의 국내 부동산에 대한 세금을 위주로 다루기 때문에 상대국의 세무절차는 별도로 파악해야 한다.

이 책을 공부하기 전에 다음과 같은 용어는 미리 알아두자.

- 거주자 : 국내에 주소 즉 생활 근거지(거소 포함)를 두고 있는 개인(국적 무관)
- 비거주자 : 국외에 주소나 거소를 두고 있는 개인(국적 무관)
- 재외국민 : 대한민국 국적을 가지고 있으며 해외에 거주하는 사람
- 재외동포 : 대한민국 국적을 가진 또는 가졌던 사람과 그 후손으로서 외국 국적을 가진 사람을 포함하는 더 넓은 개념
- 영주권자 : 대한민국 국적을 가지고 있으며 해외에서 영구적으로 거주하고 일할 수 있는 권리가 있지만, 투표권 및 일부 공직에 대한 제한이 있음.
- 시민권자 : 해당 국가의 국적을 가지고 있는 사람으로 투표권 및 일부 공직에 대한 제한이 없음.

거주자와 비거주자 등의 구분

구분	국민	외국인
국적	한국	외국
재외국민과 재외동포	국외 거주자(영주권)	국적 포기 시민권자
	재외국민	–
	재외동포	
거주자/비거주자*	• 거주자 : 국내에 주소를 두고 있거나 183일 이상 거소를 둔 개인 • 비거주자 : 거주자가 아닌 자	

* 이 책은 비거주자의 부동산 세금에 초점을 맞추고 있다.

거주자와 비거주자의 구분(기본)

국내 부동산에서 발생한 소득 등에 대해서는 거주자인지 비거주자인지에 따라 과세방식이 달라진다. 그래서 이에 대한 세제를 이해하기 위해 가장 먼저 파악해야 할 것은 거주자인지 비거주자인지를 파악하는 것이다. 그런데 실무에서 보면 이에 대한 답을 명확하게 찾기가 쉽지 않다. 다음에서는 비거주자 등의 판단에 대한 기본적인 내용만 알아보고, 자세한 내용은 제2장에서 살펴보자.

1. 거주자와 비거주자의 정의

소득법 제1조의 2에서 거주자와 비거주자는 다음과 같이 정의하고 있다.

- '거주자'란 국내에 주소를 두거나 183일 이상의 거소(居所)를 둔 개인을 말한다.
- '비거주자'란 거주자가 아닌 개인을 말한다.

그런데 여기서 착각하지 않아야 할 것은 국내에 주소를 두고 있다고 해서 모두 거주자에 해당하지 않는다는 것이다. 여기서 말한 주소는 실제 생활하는 근거지를 말하기 때문이다. 따라서 국내에 주소를 남겨두고 외국에서 생활하는 비거주자들은 국내에 주소가 없음에 유의해야 한다.

참고로 상증법에서는 위 소득법을 준용하나, 상증령 제2조 제2항의 단서에 다음과 같은 내용을 추가하고 있다.

> 비거주자가 국내에 영주를 목적으로 귀국하여 국내에서 사망한 경우에는 거주자로 본다.

이러한 규정을 별도로 둔 이유는 국내의 거주자로 보면 전 세계의 재산에 대해 국내에서 상속세를 과세할 수 있기 때문으로 풀이된다. 물론 상대국도 가만히 있지는 않을 것이다. 이렇다 보니 양국에서 과세해 이중과세의 문제점이 노출되기도 한다.

2. 적용 사례

사례를 통해 앞의 내용을 이해해보자.

Q1 한국에서 태어나 미국에서 1년간 살았다. 이 경우 한국에서는 비거주자가 되는가?

외국에서 단순히 체류했다고 해서 비거주자로 분류되지 않는다. 가족관계, 자산상태, 직업 관계 등을 종합적으로 고려해야 하기 때문이다.

Q2 미국의 영주권자에 해당한다. 국내에서 직업을 가지고 생활을 하고 있는데 이 경우 국내 거주자에 해당하는가?

그럴 가능성이 크다.

Q3 K씨는 미국의 시민권자에 해당한다. 국내에 가족은 없으나, 자산이 있는 상태에서 K씨만 국내에 183일 이상 체류한다면 국내 거주자로 분류할 수 있는가?

단정할 수 없다. 이 정보만을 가지고 판단하기가 쉽지 않기 때문이다.

☞ 참고로 국내 거주자가 되기 위해서는 원칙적으로 국내에 주소가 있거나 1과세기 간(1. 1~12. 31)* 중 183일** 이상 체류를 해야 한다. 물론 이 기준만 충족한다고 해서 무조건 거주자로 보지는 않는다. 가족관계, 자산상태 등을 종합해서 과세관 청이 판단하기 때문이다.

* 2026년부터 1과세기간 내 183일 기준이 완화되어 1과세기간 이내가 아니더라도 183일 이상 체류한 것으로 인정할 것으로 보인다(2025년 세법개정안, 제2장 참조).
** 연속해 거주할 필요는 없다. 1과세기간 중에 합산하면 되기 때문이다.

Q4 외국 국적을 가진 K씨는 국내 기업체에서 10년째 일하고 있다. 그는 국내 거주자에 해당하는가?

그렇다. 단, 외국에 가족이 있고 자산 등이 있는 경우 상대국의 거주 자가 될 수도 있다(외국인 거주자). 참고로 해당 나라에서 거주자로 볼 것 인지 아닌지는 별도로 확인해야 한다.

(Q5) 지금까지의 내용을 종합해보면 국내 거주자 여부는 국적 등과 관계 없이 어떤 요소를 가지고 판정한다고 결론 내릴 수 있는가?

　가족관계, 자산상태, 직업 등의 요소로 어느 나라에서 살 것인지 등을 종합적으로 고려하는 것으로 이해할 수 있다. 이에 대한 자세한 내용은 뒤에서 살펴보자.

Tip 비거주자 판단 시 미리 알아둬야 할 것들

- 비거주자는 국적과 관련이 없다.
- 국내에 주소를 둔 경우란 국내에서 생활근거지가 있어야 한다는 것을 의미한다. 이를 입증하는 요소에는 가족, 자산, 직업 등이 있다.
- 영주권자나 기타 외국인의 경우 국내에 183일 이상의 거소를 두고 있다고 무조건 거주자로 인정되지 않음에 유의해야 한다.
- 거주자나 비거주자 판단에 대한 최종 결정은 관할 세무서장이 함에 유의해야 한다.

거주자 또는 비거주자에 따라 달라지는 부동산 세금

거주자와 비거주자를 구분하는 이유는 부동산에 대한 과세방식에서 차이가 크게 나기 때문이다. 그렇다면 구체적으로 어떤 식으로 차이가 날까? 다음에서는 거주자와 비거주자의 부동산 세금을 대략 살펴보고, 제3장부터 순차적으로 하나씩 알아보자.

1. 거주자의 국내 부동산과 세금

거주자가 국내에서 부동산을 거래하거나 보유 등을 하면 다음과 같이 세금이 발생한다.

구분	원칙	예외		
		비과세	중과세	감면
취득세	4%(주택은 1~3%)	국가 등 취득	8~12% 등	주택임대업 감면 등
재산세	물건별로 다양	국가 등의 보유 부동산	사치성 재산	상동

구분	원칙	예외		
		비과세	중과세	감면
종부세	주택과 토지에 대해 부과	합산배제주택	다주택자와 법인의 주택	1세대 1주택 특례
임대소득세	종합과세 원칙	1주택 12억 원 이하	–	주택임대업 감면 등
양도세	과세원칙	1세대 1주택 등 다양	조정지역 주택과 비사업용 토지	신축임대주택 등 다양
상속세	거주자의 국내외 재산에 대해 과세	공제금액 이하는 비과세 효과	–	–
증여세	수증자가 거주자인 경우 국내외 모든 재산에 과세	공제금액 이하는 비과세 효과	–	–

이 표에서 우선 점검해야 할 것은 세목별로 과세원칙과 예외를 파악하는 것이다. 예를 들어 양도세의 경우 부동산 등을 양도하면 과세하는 것이 원칙이다. 하지만 예외적으로 어떤 경우에는 비과세나 중과세를 적용하는 한편 조세감면을 적용하기도 한다.

• 비과세 ›사회 약자층이나 국민 생활의 편의, 공익적인 요소를 고려해 국가나 지자체가 과세권을 완전히 포기한 것을 말한다. 예를 들어 1세대가 1주택을 2년 이상 보유 등을 하면 양도가액 12억 원 이하까지는 비과세를 적용하는 것이 대표적이다.
• 중과세 → 과세권을 강화해 부동산 거래나 보유 등을 최대한 억제하는 것을 말한다. 예를 들어 다주택자의 주택에 대해 중과세를 적용하는 것이 대표적이다(단, 조정지역 아닌 곳에서 소재한 주택이나 2년 이상 보유한 주택 등에 대해서는 한시적으로 중과세가 적용되지 않고 있다).
• 감면 → 조세 정책적인 목적으로 세제를 지원해 해당 행위를 장려하려는 조치에 해당한다. 예를 들어 미분양주택에 대한 양도세 감면을 하는 것이 대표적이다.

2. 비거주자의 국내 부동산과 세금

비거주자가 국내에서 부동산을 거래하거나 보유 등을 하면 다음과 같이 세금이 발생한다. 일단 앞에서 본 거주자의 과세방식별로 비거주자에 대해 국내 세법은 어떤 식으로 취급하는지 비교해보자. 참고로 다음 표의 'O, ×' 표시는 비거주자에게 적용되는지를 알려준다.

구분	원칙	예외		
		비과세	중과세	감면
취득세	4%(주택은 1~3%)	국가 등 취득	8~12% 등	주택임대업 감면 등
	○	×	○	○
재산세	물건별로 다양	국가 등의 보유 부동산	사치성 재산	주택임대업 감면 등
	○	×	○	○
종부세	주택과 토지에 대해 부과	합산배제주택	다주택자와 법인의 주택	1세대 1주택 특례
	○	○	○	×
임대소득세*	종합과세 원칙	1주택 12억 원 이하	–	주택임대업 감면 등
	○	○	–	×
양도세	과세원칙	1세대 1주택 등 다양	조정지역 주택과 비사업용 토지	신축임대주택 등 다양
	○	△	○	△
상속세	거주자의 국내외 재산에 대해 과세	공제금액 이하는 비과세 효과	–	–
	비거주자의 국내 재산에 대해 과세	기초공제만 적용	–	–
증여세	수증자가 거주자인 경우 국내외 모든 재산에 과세	공제금액 이하는 비과세 효과	–	–
	수증자가 비거주자인 경우 국내 재산에 대해 과세	공제하지 않음.	–	–

* 거주자의 경우 2,000만 원 이하는 분리과세가 가능하나, 비거주자도 마찬가지다(서면 법령해석 국조 2020-3106, 2020. 11. 5)

비거주자에 대한 국내 세법의 태도는 다음과 같은 특징을 보인다.

첫째, 취득세와 재산세 등 지방세는 국내 거주자와 차별을 하지 않고 동등하게 과세한다. 부동산이 국내에 소재하기 때문에 비거주자와 차별을 할 이유가 없기 때문이다. 단, 감면은 지특법을 중심으로 해당 규정을 구체적으로 점검해야 할 것으로 보인다.

둘째, 종부세, 양도세 등 국세의 경우 원칙적으로 국내 거주자처럼 과세하나, 세금우대책인 비과세와 감면은 원칙적으로 불허한다. 대표적으로 1세대 1주택 비과세가 그렇다. 다만, 다음과 같은 사유에 해당하는 경우만 비거주자 신분 상태에서 양도해도 1세대 1주택 비과세를 적용한다. 물론 출국일 현재 시점의 거주자에 대해 비과세를 적용하기 때문이다(특칙).

- 해외이주법에 따른 해외 이주로 세대 전원이 출국하는 경우
- 1년 이상 계속해 국외 거주해야 하는 취학 또는 근무상의 형편으로 세대 전원이 출국하는 경우

위 둘의 경우 출국일 현재 1주택을 보유하고 있는 상황에서 출국일부터 2년 이내에 양도하는 경우에만 비과세를 적용한다(일시적 2주택, 다주택 보유 시 이 규정 적용 불가).

참고로 감면의 경우 원칙적으로 거주자에게 적용하지만, 조세 정책적인 목적으로 비거주자를 포함하는 때도 있다.

셋째, 상속세와 증여세는 소유자가 거주한 나라에서 과세하는 것을 원칙으로 삼고 있다. 국제화 시대에서는 세계의 여러 나라에 걸쳐 부동

산 등을 보유하고 있을 수 있기 때문이다. 다만, 국내에 소재한 부동산
에 대해서는 비거주자도 상속세와 증여세 납세의무가 있다.[*]

[*] 부동산의 경우 소재지국의 법과 환경 등에 따라 가치가 형성되므로 소재지국에서 과세하는 경우가 많
다. 그 결과 동일한 소득과 재산에 대해 국내외에서 이중으로 과세가 될 가능성이 크다. 이때에는 외국
납부세액공제의 방법으로 이중과세를 조정하게 된다.

3. 적용 사례

사례를 통해 비거주자의 세금체계에 대해 알아보자. 다음 자료를 보
고 물음에 답해보자.

자료

• K씨는 미국 영주권자임.

Q1 영주권은 무엇을 의미하며, 영주권이 국내의 부동산 세금체계에 어
떤 영향을 주는가?

영주권이란 해당 국가에서 영원히 거주할 수 있는 권리를 말한다. 이
는 국적과 무관하다. 그렇다면 이러한 영주권이 국내의 부동산 세금체
계에 영향을 미칠까? 그렇지 않다. 국내 세법은 국적이나 영주권, 시민
권 등과는 무관하게 국내 거주자인지 비거주자인지에 따라 세법을 달
리 적용하고 있기 때문이다.

☞ 이런 관점에서 보면 거주자와 비거주자의 구분은 매우 중요하다고 할 수 있다.

(Q2) K씨는 부동산을 유상취득하려고 한다. 어떤 세금을 부과받는가?

미국에서 사는 K씨는 한국의 처지에서 보면 비거주자에 해당한다. 따라서 비거주자가 국내의 부동산을 취득하는 결과가 된다. 그렇다면 K씨가 국내 부동산을 취득할 때 취득세는 내국인과 차이가 있을까? 일단 세법에서는 차이가 없다. 이에 대해서는 차별할 이유가 없다고 보기 때문이다.

(Q3) K씨가 부동산을 임대하면 과세방식은 어떻게 되는가?

비거주자인 K씨가 국내에서 벌어들인 임대소득에 대해서는 일차적으로 국내의 세법에서 종합과세가 된다. 한편 비거주자인 K씨는 미국에서 세금을 내는 것이 원칙인데 이렇게 되면 양쪽 국가에서 세금을 내는 결과가 되므로, 한국에서 낸 소득세는 미국에서 공제하는 식으로 이러한 문제를 해결하게 된다. 따라서 부동산 임대소득 등이 발생하면 양쪽 나라의 세법 절차 등에 유의할 필요가 있다.

(Q4) K씨가 부동산을 양도하면 과세방식은 어떻게 되는가?

비거주자인 K씨가 국내에서 벌어들인 양도소득에 대해서는 원칙적으로 거주자와 동일하게 과세된다. 양도소득의 원천이 국내에 있어 거주자와 차별할 이유가 없기 때문이다. 다만, 주택 비과세제도와 장기보유특별공제 등 일부에서 거주자와 달리 적용하고 있다(거주자 우대원칙).

☞ 비거주자인 K씨는 미국에서도 양도세를 신고하는 것이 원칙인데, 이때 과세가 되는 경우, 한국에서 낸 소득세를 미국에서 공제받을 수 있다.

비거주자에 대해 부동산 세금을 과세하는 원칙

거주자이든 비거주자이든 부동산의 거래와 보유 및 임대 등에 따라 다양한 세목이 발생한다. 그런데 부동산은 고정된 자산에 해당하므로 그와 관련된 세금은 원칙적으로 부동산이 소재한 지역에서 과세가 되어야 한다. 다만, 요즘처럼 세계화 시대에서는 현금이동이 손쉬우므로 발생한 소득에 대해서는 가급적 거주지국에서 과세하는 것이 해당 국가의 조세정책에 부합할 것이다. 이러한 과세방식은 앞으로 비거주자의 세금에 대해 이해를 할 때 매우 중요한 역할을 한다.

1. 부동산 세금의 체계

부동산과 관련된 세금은 크게 취득단계, 보유단계, 임대단계, 양도단계, 상속·증여단계에서 다양하게 발생한다. 이를 다시 한번 정리해보자.

구분	세목	비고
취득단계	취득세	취득 사실에 부과
보유단계	재산세, 종부세	보유 사실에 부과
임대단계	임대소득세	임대소득에 부과
양도단계	양도세	양도소득에 부과
상속단계	상속세	상속받은 재산에 부과
증여단계	증여세	증여받은 재산에 부과

2. 부동산 소재지국에서 과세하는 세금

부동산 취득 시 내는 취득세와 보유세는 부동산의 취득 및 보유 사실에 부과하므로 부동산 소재지국에서 낼 수밖에 없다. 따라서 이 경우 이중과세의 가능성이 없으므로 거주지국과 조세 분쟁이 발생할 여지가 없다.

3. 거주지국에서 과세하는 세금

(1) 소득세

부동산으로 인해 발생하는 소득(임대나 양도소득을 말함)세도 부동산 소재지국의 정책과 환경 등에 따라 부가가치가 창출되는 것이므로 부동산 소재지국에서 과세하는 것이 원칙이다(OECD 모델). 하지만 현재처럼 생활환경이 국제화됨에 따라 세계 각국은 자국의 이익을 위해 자국 내의 거주자가 벌어들인 전 세계의 소득에 대해 과세하려는 추세에 있다. 그 결과 한가지 소득에 대해 부동산 소재지국과 거주지국 모두에서 과세가 되는 경우가 많아 이중과세의 가능성이 있다. 따라서 임대소득과 양도소득에 대해서는 국내의 세법뿐만 아니라 거주지국의 세법 등을 확인할 필요가 있다.

(2) 상속세와 증여세

상속세와 증여세의 과세대상은 부동산에 한하지 않고 다양한 재산이 포함되고 자유스럽게 재산 이동이 가능할 수 있어 거주지국에서 과세하는 것이 원칙이다. 다만, 상대국에 부동산이 소재한 경우 예외적으로 부동산 소재지국에서 과세하는 경우가 많다. 이렇게 되면 앞에서 본 소득세처럼 이 경우에도 이중과세의 문제가 있다. 따라서 상속이나 증여가 발생하면 부동산 소재지국의 세법과 거주지국의 세법을 확인해야 하고 이중과세가 발생하면 이를 해결할 수 있어야 한다.

세목별 부동산 세금 과세원칙

구분	원칙	예외
취득세	부동산 소재지국	-
보유세	상동	-
임대소득세*	상동	거주지국
양도세*	상동	상동
상속·증여세*	거주지국	부동산 소재지국

* 하나의 사건에 대해 양국에서 과세가 될 수 있으므로 이중과세의 문제가 발생할 수 있다.

국가 간의 이중과세는 어떻게 조정할까?

비거주자가 부담하는 세금 중 소득세(임대소득세와 양도세)와 상속세 그리고 증여세는 현실적으로 거주지국에서 과세된다. 그런데 각국의 세법에 따라 부동산 소재지국에서도 같은 세금이 과세되는 경우가 많다. 이렇게 되면 이중과세의 문제점이 있다. 다음에서는 국내 세법을 기준으로 이중과세를 조정하는 방법에 대해 알아보자.

1. 이중과세 해결방법

(1) 조세조약의 체결

조세조약은 국가 간의 서로 다른 과세체계를 조정해 국제조세 영역에서 사실상 동일한 과세체계를 유지함으로써 이중과세 방지 및 조세회피를 방지하기 위해 양 국가 간에 조세조약을 체결하게 된다.

- 조세조약과 국내 세법이 상충한 경우에는 조세조약이 우선 적용된다.
- 조세조약에 없는 내용은 국내 세법이 적용된다.

☞ 비거주자의 세금은 국내 세법을 검토하고 각 국간 체결된 조세조약을 검토해야
하는 과제를 안게 된다. 다만, 조세조약이 체결된 경우라도 부동산 임대소득이나
양도소득은 부동산 소재지국에서 과세하는 것을 원칙으로 하고, 상속세와 증여
세는 거주지국에서 과세하는 것을 원칙으로 한다. 물론 소득세도 거주지국에서
그 나라의 세법에 따라 과세할 수도 있다. 그 결과 조세조약과 관계 없이 이중과
세의 문제가 발생할 가능성이 있다.

(2) 세액공제의 적용

부동산과 관련된 임대소득이나 상속세 그리고 증여세는 상대국과 조
세조약을 체결하더라도 세법상 의미가 거의 없다. 부동산 소재지국에
서는 소득세나 상속세 등을 무조건 과세를 하게 될 것이고, 거주지국은
자국에서 전 세계의 소득에 대해 과세하는 원칙을 고수하기 때문이다.
따라서 부동산 관련 세금에 대해서는 조세조약으로 정하기가 어려워
소득세 등에 대해서는 이중과세가 발생할 가능성이 매우 크다.

이러한 상황에서 이중과세가 발생하면 다음 중 적은 금액을 세액공
제로 적용한다. 이를 외국납부세액공제라고 한다.

① 외국에서 납부한 세액

② 공제한도

$$공제세액(한도) = 소득세^* 산출세액 \times \frac{외국에서\ 소득세가\ 부과된\ 과세표준}{총\ 소득세\ 과세표준}$$

* 양도세나 상속세, 증여세를 납부한 때도 같은 원리로 세액공제를 적용한다. 참고로 공제한도
를 초과한 미공제세액은 10년간 이월 공제된다(소득법 제57조).

세목별 이중과세 조정방법(국내 기준)

구분	이중과세 발생 여부	비고
취득세	X	
보유세	X	
임대소득세	○	이중과세 조정
양도세	○	상동
상속·증여세	○	상동

2. 적용 사례

미국의 영주권자인 K씨가 한국에서 부동산(주택)에 투자했다. 다음
물음에 답해보자.

Q1 국내에서 낸 취득세와 보유세도 이중과세가 되는가?

취득세나 보유세는 투자에 따라 발생한 '소득'이 아니므로 이중과세
의 소지가 없다. 따라서 한국 세법에서 규정하고 있는 납세의무만 이행
하면 더 추가적인 납세협력 의무는 이행할 필요가 없다.

Q2 국내에서 발생한 주택임대소득에 대해서는 한국에서 과세가 되었다. 이 경우 미국에서도 세금을 내야 하는가?

한국 세법은 국내 비거주자가 국내에서 벌어들인 임대소득에 대해서는 원칙적으로 종합과세를 하도록 하고 있다. 다만, 비거주자도 거주자처럼 비과세와 분리과세도 가능하다. 이를 우선 정리해보자.

국내 비거주자의 국내 주택임대소득 과세방법 차이

구분	거주자	비거주자
비과세	기준시가 12억 원 이하인 1세대 1주택의 임대소득	좌동
분리과세	2주택 이상자의 연간 2,000만 원 이하의 임대소득	
종합과세	위 외의 소득은 종합과세	

위 표를 보면 비거주자의 국내 주택임대소득이 한국 세법에 따라 과세가 될 수 있다. 따라서 미국에서도 과세가 되는 경우 이중과세의 문제가 있다.

Q3 국내에서 처분한 주택에서 양도소득이 발생했다. 한국 및 미국에서 어떤 식으로 과세되는가?

국내 비거주자의 국내 부동산 양도로 인해 발생한 양도소득에 대해서는 국내에서 과세되는 것이 원칙이다. 하지만 일부 항목에서는 국내 거주자와 차이가 있다. 이를 비교하면 다음과 같다.

국내 거주자와 비거주자의 양도소득 과세방법 차이

구분	거주자	비거주자
비과세	1세대 1주택 등에 적용	적용하지 않음(단, 출국 후 2년 내 양도 시 예외적으로 비과세함).
중과세	1세대 2주택 등에 적용	좌동

구분	거주자	비거주자
감면	미분양주택 등에 적용	적용하지 않음 (단, 미분양주택은 일부 적용).
장기보유특별공제	• 기본 : 10~30% • 특례 : 최대 80%	• 좌동 • 적용하지 않음.*
세율	• 기본세율 : 6~45% • 중과세율 : 기본세율+10~30%P	• 좌동 • 좌동

* 관련 예규·판례 : 조심 2008서3360, 2008. 12. 26
 장기보유특별공제율을 양도차익의 80%까지 적용받을 수 있는 대통령령으로 정하는 1세대 1주택 중
 1세대의 범위에 비거주자는 포함되지 않음.

(Q4) 국내에서 신고 및 납부한 경우 상대국에서는 어떤 식으로 조치를 해야 하는가?

상대국의 세법에서 정하는 바에 따라 신고 및 납부를 해야 한다. 이때 국내에서 납부한 세액은 상대국에서 한도 내에서 공제가 된다. 이는 이중과세의 조정에 해당한다.

☞ 국내와 외국에서 동시에 소득세가 과세될 때는 양국 간의 세제에 대해서도 어느 정도 알아둬야 세금 관리가 쉬워진다.

(Tip) 부동산 세금과 조세조약의 관계

앞에서 봤듯이 부동산에 관련된 임대소득세와 양도세는 부동산이 있는 곳에서 과세하는 것이 원칙이다. 물론 상속세와 증여세는 거주지국에서 과세하나 이 경우에도 부동산 소재지국에서도 과세한다. 따라서 조세조약과는 무관하게 양국에서 세금이 발생하는 경우가 많아 이중과세로 이 문제를 해결하는 경우가 대부분이다. 참고로 각국의 양도세나 상속세 등의 과세방식은 챗GPT 등을 활용해 직접 알아보기 바란다.

국내 거주자와 비거주자에 대한 국내 소득법상 소득이 발생한 경우 이에 대한 과세방법을 정리해보자. 부동산과 관련된 소득은 임대소득과 양도소득이 해당하므로 이 부분에 초점을 두고 살펴보기 바란다.

1. 거주자

(1) 과세소득의 범위

이는 다음과 같이 두 가지 유형의 소득으로 구분할 수 있다(소득법 제4조).

- 종합소득 : 이자소득, 배당소득, 근로소득, 사업소득, 연금소득, 기타 소득
- 퇴직소득, 금융투자소득*, 양도소득

  * 2025년부터 시행 예정이었으나 국회를 통과하지 못해 폐기되었다.

(2) 과세방법

거주자에게는 소득법에서 규정하는 국내외의 모든 소득에 대해서 과세한다.* 이때 종합소득에 대해서는 6~45%의 세율로, 양도소득은 별도의 구조로 과세된다.

* 해당 과세기간 종료일 10년 전부터 국내에 주소나 거소를 둔 기간의 합계가 5년 이하인 외국인 거주자에게는 국외에서 발생한 소득의 경우 국내에서 지급되거나 국내로 송금된 소득에 대해서만 과세한다(소득법 3§①). 이는 국외에서 발생한 소득을 포착하기 힘들어서 제한적으로 소득세를 과세하고 있다.

국내 과세소득		원칙	예외
종합과세	이자소득	종합과세(6~45%)	분리과세, 비과세 등
	배당소득		
	근로소득		

국내 과세소득		원칙	예외
종합과세	사업소득	종합과세(6~45%)	분리과세, 비과세 등
	연금소득		
	기타소득		
분류 과세	퇴직소득	별도의 계산구조 및 세율 적용	비과세, 감면 등
	양도소득		

2. 비거주자

(1) 국내 원천소득의 범위

비거주자에게는 소득법 제119조에 따른 국내 원천소득에 대해서만 과세한다. 일단 국내 원천소득의 종류를 살펴보자.

국내 원천소득의 종류	소득법 제119조
이자소득	1호
배당소득	2호
부동산 소득	3호
선박·항공기 등의 임대소득	4호
사업소득	5호
인적용역소득	6호
근로소득	7호
퇴직소득	8호
연금소득	8호의 2
토지·건물 등의 양도소득	9호
사용료소득	10호
유가증권양도소득	11호
기타소득	12호

이 국내 원천소득은 다음과 같은 두 가지 요건을 충족한 것을 말한다.

① 소득 발생의 원천이 되는 행위 등이 국내에서 이루어져야 한다.

② 국내에서 거주자·내국법인·외국 법인의 국내 사업장*으로부터 소득을 받아야 한다.

> * 국내에 존재하는 사업의 전부 또는 일부를 수행하는 고정된 장소를 말한다. 이러한 국내 사업장은 이른바 '항구적 시설'로써 '고정 사업장'이라고도 불린다. 이러한 국내 사업장은 한국에서 종합과세를 적용할 때 중요한 역할을 담당한다. 이러한 사업장이 국내에 있고 이에 비거주자의 소득이 귀속되면 국내 세법에 따라 종합과세를 적용하는 것이 원칙이다. 국내 사업장은 통상 한국 내에 지점이나 사무소 등이 있는 경우 등을 말하나, 국내에 대리인(종속대리인을 말한다)이 있는 경우 국내 사업장이 있는 것으로 보기도 한다.

(2) 국내 원천소득에 대한 과세방법

비거주자가 국내에서 벌어들인 소득에 대해 어떤 식으로 과세하는지 이를 요약하면 다음과 같다.

비거주자의 국내 원천소득에 대한 과세방법

국내 원천소득 소득법 제119조		국내 사업장이 있는 비거주자	국내 사업장이 없는 비거주자	분리과세 원천징수 세율(소득법상)
1호	이자소득	종합과세, 종합소득세 신고·납부 (특정 소득은 국내 사업장 미등록 시 원천징수)	분리과세, 완납적 원천징수	20(채권이자 : 14%)
2호	배당소득			20%
3호	부동산 소득			–
4호	선박등임대소득			2%
5호	사업소득			2%
10호	사용료소득			20%
11호	유가증권 양도소득			Min(양도가액×10%, 양도차익×20%)
12호	기타소득			20%
7호	근로소득			거주자와 동일
8호의 2	연금소득			

국내 원천소득 소득법 제119조		국내 사업장이 있는 비거주자	국내 사업장이 없는 비거주자	분리과세 원천징수 세율(소득법상)
6호	인적용역소득		분리과세 (종합소득 확정신고 가능)	20%
8호	퇴직소득	거주자와 동일(분류 과세)		거주자와 동일
9호	양도소득	거주자와 동일 (분류 과세)	거주자와 동일 (다만, 양수자가 법인인 경 우 예납적 원천징수)	Min(양도가액×10%, 양도차익×20%)

위 표를 보면 부동산과 관련된 비거주자의 소득은 크게 부동산 소득(임대소득 등)과 양도소득이다. 구체적인 과세방법을 요약하면 다음과 같다.

- 부동산 임대소득 과세방법 → 종합과세(거주자와 동일)*
- 부동산 양도소득 과세방법 → 분류 과세(거주자와 동일)**

* 소득공제 등의 적용방법은 거주자와 차이가 있다(제4장 참조).
** 비과세 등의 제도에 대해서는 거주자와 비거주자 간에 차이가 있다. 이에 대해서는 후술한다.

(3) 비거주자의 부동산 양도소득에 대한 원천징수

비거주자가 국내에서 부동산 등을 양도하는 경우로서 양수자가 내국법인 또는 외국 법인이면 양도세 중 일부(위 표 9호 참조)를 원천징수하도록 하는 제도를 말한다. 다만, 양도 시기 전에 양도소득 과세표준 예정신고·납부를 했다는 납세지 담당세무서장이 교부한 확인서를 제출받거나, 부동산 등의 양도소득이 비과세·과세미달에 해당되면 양수자의 원천징수의무가 면제된다. 이때 양도자인 비거주자가 비과세 또는 과세미달로 신고하고 '비과세 등 확인서'*를 발급받기 위해서는 다음과 같은 절차에 따른다.

* 서식은 제5장에서 확인할 수 있다.

비과세 등 확인서발급 절차 흐름도

절세 탐구 2 | 비거주자와 납세관리인제도

국세기본법 제82조에서는 납세관리인제도를 두고 있다. 이 제도는 국외로 주소를 이전할 때 납세관리인이 국세 등에 대한 업무를 관리하도록 하는 제도를 말한다. 특히 비거주자가 상속인이거나 대주주가 국외 전출을 할 때, 사업자가 해외에서 장기체류할 때 필요하다. 다음에서 이에 대한 대략적인 내용을 알아보자.

구분	내용
제도 개요	납세자가 세무 관리와 신고의 의무를 제대로 수행할 수 있도록 돕기 위해 납세자를 대신해 세무 업무를 관리하는 제도
설치 의무	납세자가 국내에 주소 또는 거소를 두지 아니하거나 국외로 주소 또는 거소를 이전할 때에는 국세에 관한 사항을 처리하기 위하여 납세관리인을 두어야 함.
납세관리인	세무사, 회계사, 변호사에 한함.
주요 역할	• 세무 신고 및 납부 대행 • 세무서와의 통신 및 자료 제출 • 세무 관련 서류 관리
신청	• 납세자는 납세관리인을 지정한 후 세무서에 신고함(납세관리인 설정 신고서 제출). • 미신청 시 관할 세무서장이 지정할 수 있음.
미신청 시 불이익	• 미신청하더라도 과태료 등은 없음. • 비거주자 상속인은 금융재산을 송금 시 제한 있음.*
퇴직 및 해임	납세관리인의 직무를 종료하거나 해임할 경우, 납세자는 이를 세무서에 신고하고 새로운 납세관리인을 지정해야 함.

* 비거주자인 상속인이 금융회사 등에 상속재산의 지급·명의개서 또는 명의변경을 청구하려면 납세관리인을 정해 납세지 관할 세무서장에게 신고하고, 그 사실에 관한 확인서를 발급받아 금융회사 등에 제출해야 한다(국세기본법 제82조 제6항).

☞ 참고로 상속인이 국내 은행 등에서 상속 금융재산을 인출할 때 다음과 같은 서류가 필요하다.

① 필수 서류 : 내점한 상속인의 실명확인증표, 피상속인의 가족관계
증명서(상세), 피상속인의 기본증명서, 위임장(인감도장 또는 본인서명
사실확인서와 같은 서명 기재), 인감증명서(또는 본인서명사실확인서) 등

② 해당하는 경우 제출 서류
• 해외 거주 상속인 : 실명확인증표, 위임장(영사확인 등), 납세관리
인신고 확인서
• 기타 : 피상속인의 제적등본 등(금융회사 문의)

제 **2** 장

국내 거주자와
비거주자의 판단

비거주자 판단이 중요한 이유

앞에서 비거주자의 세금 문제를 이해하기 위해서는 거주자인지 비거주자인지 이의 구분이 중요함을 대략이나마 알 수 있었다. 이의 구분이 국가와 개인에게 지대한 영향을 미치는데, 다음에서 더욱 구체적으로 살펴보자.

첫째, 자국의 과세권 확보와 관련이 있다.

대부분 국가는 자기 나라에 거주한 자가 벌어들인 소득에 대해 과세하는 권한을 가지게 된다. 따라서 거주자에 대한 개념을 확대해 세법 등을 적용할 가능성이 커지게 된다.

한국의 거주자 개념	미국의 거주자 개념
국내에 주소를 가지고 있거나 국내에 거소를 183일 이상 가지고 있는 개인	미국의 시민권자, 그린카드 소유자(영주권자), 최근 3년간 체류일수 등을 충족한 개인

둘째, 개인의 과세에 영향을 미친다.

개인이 부동산을 거래하는 경우 다양한 세금을 내게 된다. 그런데 이때 과세방식을 비과세와 중과세, 감면 등으로 구분하는데, 거주자와 비거주자 간에 대한 차이가 있다.

구분	거주자	비거주자
비과세	적용	적용 X(단, 일부는 적용)
중과세	적용	좌동
감면	적용	적용 X(단, 몇 가지는 적용)

셋째, 개인의 절세 전략에 영향을 미치게 된다.

외국에서 거주하다가 국내 비거주자가 된 상태에서 국내의 부동산을 양도하거나 국내의 부동산이 상속 등이 되는 경우, 국내에서 과세되는 한편 외국의 거주지국에서도 과세될 수 있다. 이처럼 비거주자가 거주자가 될 때는 양국에서 과세될 수 있으므로, 상황에 따라 거주자 또는 비거주자가 되는 전략을 펼칠 수 있다.

이 외에도 거주자 또는 비거주자 판단을 그르치면 세무 위험이 올라가는 등의 부작용이 발생한다.

세목별 거주자와 비거주자 판단

세법상 거주자와 비거주자의 개념은 다양한 곳에서 사용되고 있다. 거주자와 비거주자에 대해 세법을 차별적으로 적용하기 위해서다. 다음에서 이에 대해 정리해보자.

1. 세목별 거주자와 비거주자의 규정

(1) 취득단계

• 취득단계에서는 거주자인지 아닌지의 구별은 중요하지 않다.

• 다만, 국적이 외국에 있는 경우에는 취득 관련 행정절차에서 다소 차별이 있을 수 있다.

☞ 외국 국적을 가진 사람(외국인)이 국내의 부동산을 취득하면 국내 거주자와는 달리 외국인에 대한 부동산 취득신고 등의 의무*가 발생한다.

　　* 부동산 거래신고법 제9조(외국인 토지취득 허가), 외국환거래법 제18조, 외국환 거래규정 제9-42(신고절차) 등

(2) 보유 및 임대단계

- 보유단계에서는 거주자인지 아닌지의 구별은 중요하지 않다.
- 임대단계에서는 거주자인지 아닌지의 구별이 중요하다. 국내 거주자와 비거주자에 대한 과세방법에서 차이가 있기 때문이다.

(3) 양도단계

양도단계에서는 거주자인지 아닌지의 구별이 중요하다. 국내 거주자와 비거주자에 대한 과세방법에서 차이가 있기 때문이다. 이 단계에서 다양한 쟁점이 발생하는 것이 현실이다.

(4) 상속·증여단계

상속이나 증여단계에서도 거주자인지 비거주자인지 아닌지가 중요하다. 이에 따라 과세의 범위 등이 달라지기 때문이다.

2. 적용 사례

사례를 통해 앞의 내용을 확인해보자. 다음 자료를 보고 물음에 답해보자.

자료

- K씨는 국외 영주권자에 해당함(영주권은 5년 전에 받음).
- 현재 미국에서 가족들과 함께 지내고 있음.

Q1 K씨가 국내의 부동산을 취득하려고 한다. 취득세는 거주자와 달리 적용되는가?

취득세에서는 거주자와 비거주자 구분 없이 동일하게 과세하고 있다.

Q2 K씨는 국내에서 1주택을 보유 중이다. 이 주택의 기준시가는 20억 원으로 종부세 과세대상이다. 그렇다면 국내 거주자처럼 1세대 1주택 특례(12억 원 공제, 나이 공제 및 보유 기간공제 등)를 받을 수 있는가?

1주택 종부세 특례는 거주자에 대해 주어진다.

Q3 Q 2의 연장 선상에서 보자. K씨가 보유한 주택은 현재 임대하고 있다. 월세는 500만 원인데 이에 대한 소득세 과세방식은?

비거주자의 국내 원천 부동산 임대소득에 대해서는 종합과세를 원칙으로 한다. 다만, 거주자처럼 비과세와 분리과세도 가능하다.

돌발퀴즈

만일 위의 주택이 기준시가가 12억 원에 미달하면 월세의 크기에도 불구하고 주택 임대소득에 대해 비과세가 성립되는가?

그렇다. 이에 대해서는 거주자와 비거주자 여부를 불문하고 있다(소득법 제12조 제2호 나목).*

* 이러한 유형에 대한 비과세 판단은 조문을 통해 확인하는 것이 좋다.

Q4 K씨가 이 주택을 양도하면 양도세가 과세되는가?

그렇다. 비과세는 거주자에게 주어지는 혜택이기 때문이다.

Q5 **K씨가 국외에서 사망한 경우 국내에서 상속세가 과세되는가?**

상속세는 거주지국에서 과세되는 것이 원칙이나, 국내 부동산에 대해서는 국내의 환경 등에 의해 가치가 형성되므로 비거주자의 부동산에 대해 국내에서 상속세를 과세한다. 이 경우 이중과세가 발생할 수 있으나 국내에서 발생한 상속세는 거주지국에서 공제된다.

Tip 세목별 비거주자 판단

구분	거주자 개념
취득세, 재산세	비거주자 개념을 명시적으로 사용하지 않음.
종부세, 임대소득세, 양도세, 상속세, 증여세	소득법상의 비거주자 개념을 사용

거주자와 비거주자의 구분법

앞에서 보면 비거주자인지 아닌지는 양도세와 상속세 그리고 증여세에서 상당히 중요한 역할을 한다. 나머지는 거주자와 차별하지 않거나 부분적으로만 차별한다. 다음에서 거주자와 비거주자의 구분법을 더욱 자세히 알아보자.

1. 거주자와 비거주자의 정의

소득법 제1조의 2에서 규정하고 있는 거주자와 비거주자에 대한 정의를 다시 한번 살펴보자.

> 1. '거주자'란 국내에 주소를 두거나 183일 이상의 거소(居所)를 둔 개인을 말한다.
> 2. '비거주자'란 거주자가 아닌 개인을 말한다.

그런데 이 규정만을 보고 바로 거주자인지 비거주자인지 판단하기 어렵다. 이에 소득령에서 이를 판단할 수 있도록 구체적인 내용을 정하고 있다.

구분	주요 내용
제2조 주소와 거소의 판정	주소와 거소의 구체적인 판단기준을 열거하고 있음.
제2조의 2 거주자 또는 비거주자가 되는 시기	• 거주자가 되는 시기 : 국내에 주소를 둔 날* 등 • 비거주자가 되는 시기 : 국외 이전을 위해 출국한 날 등
제3조 해외 현지법인 등의 임직원 등에 대한 거주자 판정	해외 주재원이나 국외 파견공무원 등은 국내 거주자로 봄.
제4조 거주기간의 계산	입국일~출국일, 국내 체류기간 등

* 국내에 주소를 둔 날이란 주민등록본상에 주소를 올리는 것을 말하는 것이 아니라, 생활의 근거지(가족, 자산상태 등을 고려)가 있어야 함을 말한다. 이 개념을 이해하는 것이 중요하다.

다음에서 이에 대해 하나씩 살펴보자.

2. 구체적인 구분방법

(1) 주소에 의한 구분

여기서 주소는 생활의 근거가 되는 곳을 말하며, 국내에서 생계를 같이하는 가족 및 국내에 소재하는 자산의 유무 등 생활 관계의 객관적 사실에 따라 판정한다.

① 국내에 주소 등을 가진 것으로 보는 경우(소득령 제2조 제3항)

가. 계속해서 183일 이상 국내에 거주할 것을 통상 필요로 하는 직업을 가진 때

나. 국내에 생계를 같이하는 가족이 있고, 그 직업 및 자산상태에 비추어 계속하여 183일 이상 국내에 거주할 것으로 인정*되는 때

* 인정하는 주체는 과세관청에 있음에 유의해야 한다.

☞ 국내에 직업이 있다면 국내에 주소를 두고 생활을 하는 것으로 볼 수 있다(①의 가). 따라서 국내에 생활근거지가 있는 경우에는 대부분 거주자로 인정된다. 한편 외국에서 사업 등을 하면서 국내외를 왔다 갔다 하는 경우 거주자 판단이 힘들 수 있다. 이런 경우에는 가족관계, 직업, 자산상태 등을 종합적으로 고려하여 과세관청으로부터 인정을 받아야 한다(①의 나).

※ 소득통 2-2…1(주소 우선에 의한 거주자와 비거주자와의 구분)

소득령 제2조 제3항 및 제4항의 규정을 적용함에 있어 계속해서 1년 이상 국외에 거주할 것을 통상 필요로 하는 직업을 가지고 출국하거나, 국외에서 직업을 갖고 1년 이상 계속해서 거주하는 때도, 국내에 가족 및 자산의 유무 등과 관련해 생활의 근거가 국내에 있는 것으로 보는 때는 거주자로 본다.

② 국내에 주소가 없는 것으로 보는 경우(소득령 제2조 제4항)

국외에 거주 또는 근무하는 자가 외국 국적을 가졌거나 외국 법령에 따라 그 외국의 영주권을 얻은 자로서 국내에 생계를 같이하는 가족이 없고 그 직업 및 자산상태에 비추어 다시 입국해서 주로 국내에 거주하리라고 인정되지 않는 때는 국내에 주소가 없는 것으로 본다.

☞ 외국 국적(한국 국적 포기자 포함), 외국의 영주권자는 사실 판단(가족, 직업, 자산상태 등)을 거쳐 과세관청으로부터 인정을 받지 못하면 국내에 주소가 없는 것으로 본다.

(2) 거소에 의한 구분

거소는 주소지 이외의 장소 중에 '상당 기간에 걸쳐 거주하는 장소'로서 주소와 같이 밀접한 일반적 생활 관계가 형성되지 않는 장소를 말한다(소득령 제2조 제2항). 이는 주로 외국 국적자, 영주권자 등에 대한 거주자 판단을 위한 규정으로 볼 수 있다.

소득령 제4조에서는 국내에서 183일 이상 거소를 둔 경우에는 거주자로 본다. 이때 거주기간 계산은 다음과 같다.

① 국내에 거소를 둔 기간은 입국하는 날의 다음 날부터 출국하는 날까지로 한다.

② 국내에 거소를 두고 있던 개인이 출국 후 다시 입국한 경우에 생계를 같이하는 가족의 거주지나 자산 소재지 등에 비추어 그 출국 목적이 관광, 질병의 치료 등으로서 명백하게 일시적인 것으로 인정되는 때는 그 출국 기간도 국내에 거소를 둔 기간으로 본다.

③ 국내에 거소를 둔 기간이 1과세기간* 동안 183일 이상이면 국내에 183일 이상 거소를 둔 것으로 본다.

> * 1과세기간은 '1월 1일~12월 31일'까지를 말하므로 이 기간 내에 183일 이상을 충족해야 한다. 2026년 적용 예정인 세법개정안은 다음 [Tip]을 참조하기 바란다.

④ 재외동포의 일시적 입국* 기간은 국내 거주기간에서 제외한다.

> * 재외동포의 원활한 국내 방문을 위해 생계를 같이 하는 가족의 거주지나 자산소재지 등에 비추어 그 입국목적이 관광, 질병 치료 등 그 입국한 기간이 명백하게 비사업목적의 일시적인 입국에 해당하는 경우에는 그 입국 기간을 국내 거주기간에서 제외한다.

(3) 거주자 판정의 특례

국외에서 근무하는 공무원 또는 거주자나 내국법인의 국외 사업장 또는 해외 현지법인(내국법인이 발행주식 총수 또는 출자지분의 100%*를 직접 또는 간접 출자한 경우에 한정) 등에 파견된 임원 또는 직원은 거주자로 본다(소득령 제3조).

> * 100% 미만을 출자한 때도 거주자성이 부인되는 것은 아니다. 이 경우에도 가족 등이 국내에 있는 경우에는 거주자로 인정된다.

2. 적용 사례

사례를 통해 앞의 내용을 확인해보자. 다음 자료를 보고 물음에 답해보자.

20×2년 11월 : 배우자와 2명의 자녀가 미국으로 출국

20×3년 5월 : 본인(K씨) 출국

20×4년 5월 현재 : 영주권 없이 미국에 체류 중

- 생활비 조달 : 서울에서 소유한 아파트 전세보증금을 미국으로 송금해 사용 중
- 미국 현지 직업 : 무직
- 한국 내 주소지 : 서울 소재 본인의 어머니 거주지로 전 가족과 함께 동거인으로 등록

Q1 사례의 K씨는 국내에 주소를 두고 있는가?

K씨의 주소는 어머니의 거주지로 되어 있으나 이는 형식상의 '주소' 일 뿐 생활이 이루어지고 있는 주소가 아니다. 따라서 이 경우 국내에 주소를 두고 있는 것으로 보지 않는다.

Q2 K씨 혼자 국내에 들어오면 거주자로 분류할 수 있는가?

단정할 수 없다. 왜냐하면, 거주자 또는 비거주자 판단은 국내 체류 기간, 가족관계, 직업 및 자산상태 등을 종합해서 사실판단을 하기 때 문이다.

Q3 사례에서 K씨가 소유한 서울 소재 본인 명의 아파트를 국내 거주 후 183일이 지난 후에 양도하면 비과세를 받을 수 있는가?

앞에서 봤듯이 생계를 같이 하는 가족 및 국내에 소재하는 자산의 유 무 등 생활 관계의 객관적 사실에 따라 판정하는 것으로, 이 경우 국내 에 183일 기준은 충족한 것으로 보이나, 가족, 자산상태, 직업 등으로

봐서 국내에 거주하지 않는 것으로 관할 세무서장이 인정하면 비거주자로 판정될 가능성이 크다.

☞ 관할 세무서장의 재량권이 매우 중요함을 알 수 있다. 실무에서는 소득법상 거주자인지 아닌지 및 언제부터 거주자로 되었는지 등은 제반 사실관계(국내 자산, 가족의 생활근거지, 출입국 내역, 직업 및 국내 경제 활동 내역 등)를 확인해 관할 세무서에서 최종적으로 사실 판단할 사항으로 보고 있기 때문이다.

※ 대법원 2010두22719[3심]

외국으로 출국한 자가 거주자에 해당하는지는 국내에서 생계를 같이 하는 가족의 유무, 국내에 소재하는 자산의 유무, 출국의 목적, 직업, 외국의 국정이나 영주권을 얻었는지 아닌지 등 생활 관계의 객관적 사실을 종합해서 판정함.

Tip	2025년 세법개정안(거주자 판정 기준 보완)	
현행	**개정안**
☐ **거주자의 정의**	☐ 거소를 둔 기간(183일) 계산 시 **직전 과세기간 고려**
○ 국내에 **주소나 1과세기간 중 183일 이상의 거소**를 둔 개인	○ (좌동)
〈신설〉	**- 계속하여 183일 이상 거소를 둔 경우 포함*** * 1과세기간 외라도 183일 이상이면 이를 인정하겠다는 취지임.
☐ **거주기간**(거소를 둔 기간)**의 계산**	☐ **거주기간 인정 기준 구체화**
○ **(거주기간)** 입국하는 날의 다음 날부터 출국하는 날까지	○ (좌동)
○ **(거주기간 인정)** 출국 목적이 관광, 질병 치료 등으로서 명백히 일시적인 출국 기간도 거주기간으로 인정	○ 일시적 출국 사유 구체화 **- 관광, 질병 치료, 친지 방문 등 개인적인 사유** **- 출장, 연수 등 직업·사업과 관련된 사유** - 그 밖에 이에 준하는 사유

현행	개정안
□ **과세기간** ○ **(원칙)** 1월 1일 ~ 12월 31일 ○ **(거주자→비거주자 전환 시)** **1월 1일~출국*일** * 거주자가 주소·거소를 국외로 이전 〈신설〉	□ **거주자→비거주자 전환 및 비거주자 →거주자 전환 시 과세기간 명확화** ○ (좌동) ○ **출국일까지와 출국일 다음 날부터를 각각의 과세기간**으로 봄. ○ **(비거주자→거주자 전환 시) 거주자가 된 날의 전날까지와 거주자가 된 날부터를 각각의 과세기간**으로 봄.

〈**개정 이유**〉 거주자 판정 기준 보완

〈**적용 시기**〉 2026. 1. 1 이후 개시하는 과세기간 분부터 적용

비거주자 판단의 핵심요소와 비거주자 판정 사례

　국내에서만 줄곧 살아온 대부분의 가족은 모두 국내 거주자에 해당해 비거주자 여부를 판단할 필요가 없다. 하지만 외국에 체류하거나 영주권, 시민권을 가진 경우에는 가족, 자산상태, 직업, 체류기간 등을 종합해 거주자 판정을 한다. 물론 이는 납세자가 하는 것이 아니라, 과세관청에서 최종 판정을 하므로 납세자로서는 좌불안석(坐不安席)이 될 수 있다. 다음에서 이에 관한 내용을 정리해보자.

1. 비거주자 판단의 핵심요소

　비거주자 판단의 핵심요소는 다음과 같다. 여기서 주의할 것은 이러한 요소 중 하나만을 가지고 비거주자 여부를 판단하는 것은 아니라는 것이다. 물론 여러 요소를 가지고 종합적으로 판단을 한다.

(1) 가족

가족*이 어디에서 생활하느냐도 중요한 변수가 된다. 거주자와 비거주자의 구분은 사람을 중심으로 판단하기 때문이다. 따라서 가족이 어느 나라에 상시적으로 거주하는지가 상당히 중요하다.

* 부부를 중심으로 하는 1세대를 말한다. 이에 대한 자세한 내용은 잠시 뒤에 살펴본다.

(2) 자산상태

가족이 국내에만 계속 거주한다면 자산이 국내에 있든 해외에 있든 거주자 판단이 그렇게 어렵지 않다. 하지만 거주지가 명확하지 않으면 자산이 어느 나라에 있느냐가 중요한 역할을 한다.

(3) 직업

직업은 거주지와 맞물려 있어 거주자 판단에 중요한 역할을 담당한다. 다만, 상황에 따라서는 이 한 가지 요소로만 거주자 판단을 내리기가 힘든 측면이 있다. 허위로 취업하는 때도 종종 있기 때문이다.

(4) 체류기간

영주권자 등 주로 외국에서 살다가 국내로 입국한 사람들에 대한 거주자 판단을 위해 사용하는 개념이다. 세법은 국내에 거소를 둔 기간이 1과세기간 동안 183일 이상이면 국내에 183일 이상 거소를 둔 것으로 본다.*

* 1과세기간은 1월 1일~12월 31을 말하므로 이 기간 내 183일 이상을 채워야 한다. 다만, 2026년 이후부터는 이를 무시하고 '계속 183일 이상'을 채우면 거소 요건을 채우는 것으로 인정해줄 것으로 보인다(2025년 세법개정안 참조).

※ 관련 예규

외국 영주권자가 국내에 생계를 같이하는 가족이 있고, 그 직업 및 자산상태에 비추어 계속해서 1년 이상 국내에 거주할 것으로 인정*되거나, 1년 이상 국내에서 거주해야 하는 직업을 가진 때는 거주자로 봄(재일 46014-2484, 1998. 12. 19).

* 거주자와 비거주자 판단의 주체가 과세관청에 있음을 추론해볼 수 있다.

2. 적용 사례 1

사례를 통해 앞의 내용을 확인해보자. 다음 자료를 보고 물음에 답해 보자.

자료

- 10년 전에 부부와 자녀가 해외 영주권을 취득하고 국외 거주함.
- 최근 부인만 홀로 귀국 후 국내에서 거주하고 있음(재외국민).
- 자녀들은 분가해서 독립생활 영위 중임.

Q1 세법상 거주자는 어떤 식으로 판단하는가?

'거주자'란 국내에 주소를 두거나 183일 이상의 거소를 둔 개인을 말한다. 거주자인지 비거주자인지 아닌지는 생계를 같이하는 가족 및 직업, 국내에 소재하는 자산의 유무 등 생활 관계의 객관적 사실을 종합적으로 판단한다.

Q2 Q 1에서 '생계를 같이하는 가족'은 누구를 말하는가?

세법상 '1세대'를 말한다. 1세대는 부부와 같이 동일한 주소에서 생계를 같이하는 가족을 말한다. 여기서 가족은 부모 등을 포함하나, 비거주자의 경우 다음과 같이 그 범위를 축소해 살펴보면 될 것으로 보인다.

- 부부
- 자녀(주로 세대독립요건을 갖추지 못한 자녀를 말함)

비거주자 세무에서의 가족의 개념(명시적인 개념은 아님)

구분			판단
부부			가족에 해당*
자녀	30세 미만 자녀	소득이 발생 또는 혼인으로 독립한 경우	독립 세대로 인정
		위 외	가족에 해당*
	30세 이상 자녀	독립한 경우	독립 세대로 인정
		독립하지 않은 경우	비거주자 세무에서는 별로 중요하지 않음.

* 부부와 세대독립이 인정되지 않은 30세 미만의 자녀는 생계를 같이하는 가족에 해당하므로 비거주자 판단 시 중요한 요소로 작용할 수 있다.

Q3 거주자 판단 시 국내에 반드시 직업이 있어야 하는가?

반드시 그렇지는 않다. 물론 국내에 183일 이상 근무할 수 있는 직업이 있다면 거주자로 인정받을 가능성이 커질 것이다.

Q4 만일 해외에도 자산을 보유하고 있다면 어떤 문제점이 있는가?

본인이 거주하고 있는 외국에서 주택 등을 보유하고 있다면 다시 외국으로 돌아갈 가능성이 있다고 봐서 비거주자로 분류될 가능성이 크다.

Q5 사례의 경우 부인은 국내 거주자로 인정받을 수 있는가?

부인만 홀로 주소를 옮겨 국내에 거주하고 있다 하더라도 국외 이주 중인 가족과 일시 퇴거해 국내에 거주하고 있는 것으로 봐서 비거주자로 볼 가능성이 크다.

3. 적용 사례 2

K씨는 20여 년 전에 서울에 집 한 채를 사두고 출국했으며, 10년 전에 미국영주권 신분을 갖게 되었다. 그는 미국에서 사업에 종사하고 있으며, 한국에는 자주 방문하지만 주로 친척 등 방문이 주목적이다. 그가 소유한 집의 시세는 10억 원을 웃돌고 있다. 물음에 답해보자.

Q1 K씨는 국내 세법상 거주자에 해당하는가? 비거주자에 해당하는가?

사례의 K씨는 국내 세법상 비거주자에 해당한다. 명백하게 한국 내에서 생활 근거지가 없기 때문이다.

Q2 K씨가 해당 주택에 대한 양도세 비과세를 받기 위해서는 거주자가 되어야 한다. 미국 영주권자는 어떻게 해야 거주자가 될 수 있는가?

일단 국내로 입국해 일정 기간 거주를 해야 한다. 그런데 문제는 국내에서 머무른다 해서 무조건 거주자가 안 된다는 것이다. 이를 판단하는 다양한 요소들이 있기 때문이다. 실무에서는 거주자에 해당하는지 여부 및 언제부터 거주자로 전환되었는지는 출입국 내역*, 직업, 가족 관계, 자산상태 등에 근거해 사실 판단할 사항으로 보고 있다.

* 출입국 내역은 출입국관리소로부터 제출받는다.

☞ 해외 출국해 비거주자가 되기 전 거주자로서 보유한 기간과 다시 입국해서 거주자가 되었다. 이후 보유한 기간을 합산해 거주자로서 2년 이상 보유한 주택을 양도하는 경우다. 양도 당시에도 거주자에 해당하는 경우에는 1세대 1주택 비과세 적용이 가능하다.

(Q3) K씨가 국내에서 일정 기간 거주한 후에 주택을 양도해 비과세를 받았다고 하자. 이 경우 미국에서도 비과세를 적용받을 수 있을까?

국내 거주자들에 대한 비과세 혜택은 한국의 세법이 거주자를 위한 배려한 조치에 해당한다. 따라서 이는 다른 나라의 세법과 무관하다. 미국의 경우 자국민에게 귀속되는 전 세계 소득에 대해 과세하는 것이 원칙이다.

(Q4) K씨가 국내 거주 후 비과세를 받은 후 다시 미국으로 돌아가면 비과세가 계속 유효한가?

자칫 조세회피의 가능성도 있다. 하지만 양도일 현재 비과세 요건을 갖춘 경우라면 비과세가 확정되었으므로 물음의 경우 비과세에 영향을 미치지 않을 가능성이 커보인다.

☞ 거주자 또는 비거주자 판단에 대한 실무적인 접근은 제6장에서 살펴본다.

가족의 일부 귀국과 비거주자 판단

앞에서 본 핵심요소 중 가족관계에 대해 더 자세히 살펴보자. 가족관계가 변함에 따라 비거주자 판단이 복잡해지고 그 결과 오류가 발생하는 경우들이 많기 때문이다.

1. 가족관계와 비거주자 판단의 관계

거주자 또는 비거주자를 판단할 때 '생계를 같이하는 가족'이 어느 나라에 있느냐가 매우 중요한 역할을 한다. 외국에 혼자 나가 살더라도 생계를 같이 하는 가족이 국내에 거주한다면 거주자로 볼 가능성이 크기 때문이다.

(1) 생계를 같이하는 가족의 범위

'생계를 같이 하는 가족'이란 세법상 '1세대'를 말한다. 따라서 여기서 가족에는 거주자와 그 배우자의 직계존비속(그 배우자 포함) 및 형제자매를 말하며, 취학, 질병의 요양, 근무상 또는 사업상의 형편으로 본래의 주소 또는 거소를 일시 퇴거한 자를 포함하는 것이다. 이때 '가족'에 해당하는 자가 세대 구성 요건을 갖춰 다른 곳에서 별도 세대를 구성하고 독립된 생계를 유지하는 경우에는 독립된 '1세대'로 본다.

☞ 세대 구성 요건(아래 어느 하나 만족)
　① 배우자가 있거나 배우자가 사망하거나 이혼한 경우
　② 연령이 만 30세 이상인 경우
　③ 기준 중위소득을 12개월로 환산한 금액의 100분의 40 수준 이상으로서 소유하고 있는 주택 또는 토지를 관리·유지하면서 독립된 생계를 유지할 수 있는 경우(미성년자 제외)

(2) 가족의 범위에서 유의해야 할 사항

• 가족의 범위에는 거주자와 그 배우자의 직계존비속(그 배우자 포함) 및 형제자매를 말하며, 취학, 질병의 요양, 근무상 또는 사업상의 형편으로 본래의 주소 또는 거소를 일시 퇴거한 자를 포함한다.
• 30세 미만자의 경우 소득요건을 충족하면 별도 세대로 인정된다.
• 비거주자를 판단할 때에는 부부와 자녀를 중심으로 가족관계, 경제적 관계 등을 점검한다.

2. 적용 사례

사례를 통해 앞의 내용을 확인해보자. 다음 자료를 보고 물음에 답해보자.

- K씨 부부는 모두 미국 시민권자임(한국 국적 포기).
- 국내 거주자 상태에서 구입한 1주택이 있음.
- 부부 중 한 명(남편)이 귀국해 이 주택에서 노부모 봉양할 예정임.

Q1 이 경우 남편은 한국의 거주자에 해당하는가?

전 세대원이 외국 국적 취득 후 해외에서 거주하다가 일부 세대원만 국내에 입국해 노모와 생계를 같이 하는 경우라면, 거주자로 전환 후 거주자로서 2년 이상 보유한 주택을 양도하는 경우 비과세 적용을 받을 수 있는 것으로 판단된다. 다만, 이 경우 거소 해당 여부 및 거주자로 전환된 시기는 국내의 생활관계, 직업 및 소득 여부, 국내 재산 현황, 출입국 현황 등 제반 사실관계를 판단하게 된다.

☞ 참고로 이에 대해 챗GPT는 어떤 식으로 답변하는지 이를 정리하면 다음과 같다.

챗GPT 답변

남편이 한국의 거주자에 해당하는지 판단하기 위해서는 여러 가지 조건을 고려해야 합니다. 우선, 남편이 국내에 입국해 노모와 생계를 같이하며 생활하는 경우, 거주자로 전환될 가능성이 있습니다. 거주자 여부는 국내의 생활 관계, 직업 및 소득 여부, 국내 재산 현황, 출입국 현황 등 여러 요소를 종합적으로 판단합니다.

- **노모와 생계를 같이 함** : 남편이 노모와 함께 생활하며 생계를 같이한다면, 이는 거주자로 판단될 가능성을 높입니다.
- **직업 및 소득 여부** : 남편이 국내에서 직업을 가지고 소득을 올리고 있다면 거주자로 판단될 가능성이 있습니다.
- **국내 재산 현황** : 남편이 국내에 주택을 소유하고 있는 것도 거주자 판단에 긍정적인 요소로 작용할 수 있습니다.

- **출입국 현황** : 남편이 장기간 국내에 체류하고 있는지도 중요한 요소입니다.

따라서 남편이 국내에 입국해 노모와 생계를 같이하고, 앞의 조건들을 충족하는 경우, 한국의 거주자로 판단될 가능성이 큽니다.

(Q2) 만일 이 부부에게 30세 미만의 자녀가 있는데 이 자녀 역시 미국에서 거주하고 있다. 이러한 상황에서 노부모 봉양을 할 예정으로 귀국하게 될 남편은 거주자가 될 수 없는가?

이 경우 노부모가 생계를 같이하는 가족이 되므로, 가족관계에서는 별문제가 없다고 보인다. 따라서 다른 요소를 고려해 최종 구분을 해야 할 것으로 보인다(최종 과세관청의 의견을 들어야 할 것으로 보인다).

☞ 참고로 이에 대해 챗GPT는 어떤 식으로 답변하는지 이를 정리하면 다음과 같다.

챗GPT 답변

30세 미만의 자녀가 미국에 있으며 미국에 자산이 있다는 사실은 남편의 거주자 판단에 직접적인 영향을 미치지 않습니다. 거주자 판단은 남편의 국내 생활 및 경제 활동을 중심으로 이루어집니다.

- **자녀의 상황** : 자녀가 미국에 거주하고 미국에 자산을 가지고 있는 것은 남편의 거주자 여부에 직접적인 영향을 미치지 않습니다. 이는 자녀의 개인적인 상황일 뿐, 남편의 거주자 판단에는 주로 국내에서의 생활 관계, 직업, 소득, 재산 등이 고려됩니다.

따라서 자녀의 미국 거주 및 자산 소유 여부와 관계없이 남편이 국내에 입국해 노모를 봉양하며 생계를 같이 하고, 국내에서의 생활 관계와 경제 활동이 뚜렷하다면, 남편은 한국의 거주자로 판단될 수 있습니다

※ 부동산 거래관리과-189, 2012. 4. 9

[제목]

세대원 일부만 입국해 거소신고 후 주택양도 시 비과세 해당 여부

[요지]

전 세대원이 외국 국적을 취득한 후 해외에 거주하다가 세대 구성원 중 일부만 입국한 경우로서, 국내에 생계를 같이하는 가족이 없고 그 직업 및 자산상태에 비추어 다시 입국해 주로 국내에 거주하리라고 인정되지 아니하는 한 거주자에게 적용되는 양도세 1세대 1주택 비과세를 적용받을 수 없는 것임.

체류기간(183일)과 비거주자 판단

국내에서 주소를 가지고 이곳에서 계속해서 거주하면 거주자로 인정받을 수 있겠지만, 그렇지 않으면 비거주자로 분류되기 쉽다. 따라서 국내 체류기간은 특히 비거주자에게 중요한 의미가 있다. 다음에서는 국내 체류기간과 관련된 세무상 쟁점들을 살펴보자.

1. 국내 체류기간과 비거주자 판단

(1) 국내 체류기간

국내 체류기간이 1과세기간 동안 6개월(183일) 이상이면 국내에 183일 이상 거소를 둔 것으로 본다. 따라서 183일 이상이 되는 시점이 바로 거주자가 되는 시기에 해당한다.

(2) 체류기간 산정하는 방법

앞에서 본 '1과세기간'은 매년 1월 1일부터 12월 31일까지를 의미한다. 따라서 이 기간 내에 183일 이상 체류를 해야 한다. 예를 들어 이 요건을 충족하려면 2025년 중에 183일 이상 체류해야 한다는 것이다(다음의 챗GPT 답변 참조). 다음 해를 넘겨 이를 채운 경우 인정을 받지 못한다.* 이렇게 엄격히 체류기간을 정하고 있는 이유는 비거주자가 국내 체류를 통해 거주한 후에 양도세 비과세 등을 받은 것을 억제하기 위한 취지가 있는 것으로 보인다.

* 2026년 이후에는 계속 183일 이상 체류하면 1과세기간이 아니더라도 이를 인정할 것으로 보인다 (2025년 세법개정안).

챗GPT 답변

체류일수 계산은 연속된 183일이 아닌, 해당 과세기간(보통 1월 1일부터 12월 31일까지) 동안 국내에 체류한 총 일수를 의미합니다. 여러 차례에 걸쳐 출입국을 반복하는 경우, 국내에 체류한 모든 날을 합산해 계산합니다.

☞ 구체적인 산정방법은 챗GPT를 통해 알아볼 수 있다.

2. 적용 사례

사례를 통해 앞의 내용을 살펴보자. 다음 자료를 보고 물음에 답해보자.

자료

K씨는 국내에서 20여 년에 아파트 한 채를 취득했으며, 10년 전에 재외국민으로 등록되어 있다가 최근에 다시 한국에 영주귀국으로 인해 주민등록을 다시 복원했다. 이렇게 주민등록을 복원한 이유는 이 아파트를 양도하면서 비과세를 받기 위해서다. 그의 배우자와 자녀 등은 외국에서 살고 있다.

Q1 K씨는 거주자인가 비거주자인가?

거주자인지 비거주자인지 단정 지을 수 없다. 세법은 국내에 거소를 두고 있던 개인이 출국 후 다시 입국한 경우에, 생계를 같이하는 가족의 거주지나 자산소재지 등에 비추어 그 출국 목적이 명백하게 일시적인 것으로 인정되는 때는 그 출국한 기간도 국내에 거소를 둔 기간으로 보기 때문이다. 다음의 예규를 참조하자.

※ 관련 예규 : 부동산 거래-510, 2010. 4. 7

1. 소득법 제89조 제1항 제3호 및 같은 법 시행령 제154조 제1항에 따라 1세대 1주택 비과세는 거주자에게 적용되는 것이며, 거주자와 비거주자의 판단은 거소신고 여부와는 관계없이 국내에서 생계를 같이하는 가족 및 국내에 소재하는 자산의 유무 등 객관적인 사실에 따라 판정하는 것으로 것임.
2. 귀 질의의 경우, 거주자가 국외로 출국해 국외에 거주하다가 국내에 입국하는 경우로서 그 직업 및 자산상태에 비추어 국내에 다시 입국해 주로 국내에 거주하리라고 인정되지 않을 때는 국내에 자산을 보유하고 있다고 하더라도 비거주자로 보는 것이며, 이에 해당하는지는 사실 판단할 사항이다.

Q2 만일 K씨가 그의 배우자와 같이 입국했다면 거주자로 인정받을 수 있을까?

이 경우에도 거주자인지 비거주자인지 단정 지을 수 없다. 다만, Q 1보다는 거주자로 볼 가능성이 크다. 특히 자녀들이 30세를 넘어갈 때는 주요 변수가 아니고 영주귀국을 한 경우라면 거주자에 가까울 것으로 보인다.

Q3 거주자가 된 상태에서 외국에 나가는 경우 어떤 문제가 있을까?

일시적인 출국은 국내에 계속 거주한 것으로 본다. 이에는 단기 관광, 질병의 치료 등이 해당한다.

Tip **재외동포의 일시적 입국 기간**

재외동포가 입국한 경우 생계를 같이 하는 가족의 거주지나 자산 소재지 등에 비추어 그 입국 목적이 사업의 경영 또는 업무와 무관한 것으로서 단기 관광, 질병의 치료, 병역의무의 이행, 친족 경조사 등의 사유에 해당해 그 입국한 기간이 명백하게 일시적인 것으로 입국 사유와 기간을 객관적으로 입증하는 경우에는 해당 기간은 국내에 거소를 둔 기간으로 보지 아니한다(소득령 §4④, 소득칙 §2).

재외동포의 일시적 입국 사유와 입증방법

입국 사유	입증방법
단기 관광	관광시설 이용에 따른 입장권, 영수증 등 관광목적으로 입국한 것을 입증할 수 있는 서류
질병 치료	의료법(§17) 상 진단서, 증명서, 처방전 등 입국 기간 진찰이나 치료를 받은 것을 입증하는 자료
병역의무 이행	병역사항이 기록된 주민등록표 초본 또는 병역법 시행규칙(§8)상 병적증명서 등 입국 기간 병역의무를 이행한 것을 입증하는 자료
친족 경조사 등 기타	친족 경조사 등 비사업·비업무 목적으로 입국한 것을 객관적으로 증명할 수 있는 서류

영주귀국을 하는 경우의 거주자 산정방법

앞의 사례에서 국내로 영주귀국하는 경우 거주자 판단을 할 때 명쾌하지 않은 부분이 있었다. 다음에서 이에 관련된 내용을 추가로 정리해보자.

1. 영주귀국과 거주자 판정

(1) 영주귀국

해외에서 거주한 자가 국내로 영주귀국한 것을 말한다. 국내로 영주귀국 시에는 국내 주소지 관할 읍·면·동 주민센터에서 귀국 신고를 해야 한다.

▶ 준비 서류 : 여권, 주민등록증(또는 가족관계증명서)

(2) 영주귀국과 거주자 판정

원칙적으로 국내에 주소가 있는 것으로 봐서 입국한 날이 '거주자'가 되는 날이 된다. 다만, 일부 세대원만 영주귀국하는 경우에는 종합적으로 판단을 거쳐야 할 것으로 보인다.

2. 적용 사례

사례를 통해 앞의 내용을 확인해보자. 다음 자료를 보고 물음에 답해 보자.

> **자료**
>
> • 비거주자인 부부가 20×4년 5월 9일에 국내로 영주귀국을 했음.
> • 비거주자 시절 국내에 취득한 1주택을 보유 중임.
> • 이 주택을 양도하고자 함.

Q1 이 주택은 언제 양도해야 비과세를 받을 수 있을까?

거주자가 되는 시점부터 2년 이상 보유해야 한다. 따라서 20×4년 5월 9일부터 2년 후에 양도해야 한다.

Q2 만일 이 주택이 출국 전에 산 것이라면 2년 보유기간은 어떻게 따질까?

출국 전 거주자의 보유기간과 입국 후 거주자의 보유기간을 합해 계산한다.

Q3 영주귀국을 하는 경우 상속세는 어느 나라에서 과세하는가?

원칙적으로 국내에서 과세된다.

미국의 거주자였는데 한국으로 영주귀국하는 경우 미국의 거주자에서 벗어나는가?

챗GPT 답변

미국의 거주자였던 사람이 한국으로 영주귀국할 경우, 미국의 세법에 따라 미국 거주자 지위를 벗어나는지 아닌지는 여러 요인에 따라 달라질 수 있습니다. 미국의 세법에서는 미국 내에서의 거주자 지위를 결정하기 위해 두 가지 주요 기준을 사용합니다. 즉, '국내 거주자 테스트'와 '실질적 거주자 테스트'입니다.

1. 미국 세법의 거주자 지위
 (1) 국내 거주자 테스트
    미국 시민권자 또는 영주권자는 미국 내 거주자로 간주합니다. 미국 시민권자나 영주권자는 미국 세법상 미국 거주자로 분류되며, 외국으로 이동하더라도 미국 세법의 적용을 받습니다.
 (2) 실질적 거주자 테스트
    이 테스트는 미국 내에서의 체류기간을 기반으로 거주자 지위를 판단합니다. 실질적 거주자 테스트는 다음과 같은 기준을 포함합니다.
    • 현재 연도 : 해당 연도에 미국에 31일 이상 체류
    • 전년도 : 전년도에 미국에 183일 이상 체류
    • 이전 2년의 합산 : 현재 연도와 전년도 각각 183일 이상 체류 또는 총 183일 이상 체류하는 경우

2. 한국으로 영주귀국 시 미국 거주자 지위 변동
 (1) 영주권 및 시민권 보유
    • 영주권자 : 영주귀국하더라도 영주권을 유지하고 있다면, 여전히 미국 세법

에 따른 거주자로 간주할 수 있습니다. 미국영주권을 포기하지 않는 한, 미국 세법상의 의무가 계속될 수 있습니다.

- 시민권자 : 미국 시민권을 가진 경우, 해외로 이동하더라도 미국 시민으로서 미국 세법에 따라 과세대상이 됩니다.

(2) 영주권 포기 및 비자 상태

- 영주권 포기 : 영주권을 포기하면 미국 세법상 거주자의 의무에서 벗어날 수 있습니다. 영주권을 포기하면, 더 미국 세법에 따른 외국 소득신고 의무가 없어질 수 있습니다.
- 비자 상태 : 영주권을 포기하지 않고 비자 상태로 변경하면, 미국 세법상의 의무를 유지할 수 있습니다.

3. 실질적 거주자 테스트의 적용

한국으로 영주귀국한 후 미국 내 체류가 없으면 실질적 거주자 테스트에서 제외될 수 있습니다. 하지만 미국 내에서 이전에 체류했던 기간이 아직 계산에 포함될 수 있으므로 주의가 필요합니다.

4. 미국 세법의 신고의무

- 국제 소득신고 : 미국 거주자는 전 세계 소득을 신고해야 하므로, 영주귀국 후에도 이전에 얻은 소득에 대한 신고의무가 있을 수 있습니다.
- 출국 신고 : 미국 내 세무서에 출국 신고를 하고, 해외에서의 세무 관련 상황을 정리하는 것이 필요할 수 있습니다.

[결론]

미국에서 거주자였던 사람이 한국으로 영주귀국하는 경우, 미국의 세법상 거주자 지위가 변동할 수 있습니다. 미국 시민권자 또는 영주권자는 영주귀국하더라도 미국 세법의 적용을 받을 수 있으며, 영주권을 포기하거나 미국 내 체류가 없는 경우에 거주자 지위를 벗어날 수 있습니다. 이에 따라, 미국 세법과 관련된 자세한 사항은 세무 전문가와 상담해서 자신의 세무 관련 상황에 맞는 조처하는 것이 중요합니다.

국외 파견공무원 · 해외 주재원과 비거주자 판단

국외 파견공무원과 해외 주재원에 대한 거주자 또는 비거주자 판단을 해보자. 이들은 가족들의 일부가 국내에 체류하거나 재산이 국내에 있는 경우가 대부분이다. 물론 어떤 경우에는 가족들이 전체 이동하는 때도 있다. 그렇다면 이들에 대한 거주자 판단은 어떻게 할까?

1. 파견공무원 등에 대한 거주자 판단기준

(1) 국외에서 근무하는 공무원

국외에서 근무하는 공무원은 거주자로 본다. 이들은 파견 후 대부분 국내로 복귀하기 때문이다.

(2) 국외 사업장 또는 해외 현지법인에 파견된 임직원

내국법인의 국외 사업장* 또는 100% 직간접 출자한 해외 현지법인**에 파견된 임원이나 직원도 거주자로 간주된다. 다음의 소득법 통칙을 참조하자.

* 내국법인의 국외 사업장 : 국내의 본사의 지사에 해당함.

** 현지법인 : 외국의 법률에 따라 세워진 법인. 내국법인과 관련이 없음.

※ 소득통 1-3…1(국외 사업장에 파견된 임원 또는 직원의 거주자·비거주자 판정)

   ① 거주자 또는 내국법인의 국외 사업장에 파견된 임원 또는 직원이 생계를 같이하는 가족이나 자산상태로 봐서 파견 기간의 종료 후 재입국할 것으로 인정되는 때에는 파견 기간이나 외국의 국적 또는 영주권의 취득과는 관계없이 거주자로 본다.

   ② 제1항의 규정에 준하여 국내에 생활의 근거가 있는 자가 국외에서 거주자 또는 내국법인의 임원 또는 직원이 될 때는 국내에서 파견된 것으로 본다.

2. 적용 사례

사례를 통해 앞의 내용을 확인해보자. 다음 자료를 보고 물음에 답해보자.

> **자료**
>
> K씨는 이번에 한국기업의 외국에 있는 지사에 해외 근무를 자원 신청했음.

Q1 K씨는 혼자 해외 근무하러 가려고 한다. 이 경우 거주자인가?

그렇다. 국외지사는 국내 기업의 국외 사업장에 해당하기 때문이다. 세법은 거주자 또는 내국법인의 국외 사업장 또는 해외 현지법인(내국법인이 100% 출자) 등에 파견된 임원 또는 직원으로서, 생계를 같이 하는 가족이나 자산상태로 봐서 파견 기간 종료 후 재입국할 것으로 인정되는 때는 파견 기간이나 외국의 국적 또는 영주권의 취득과는 관계없이 거주자로 본다.

Q2 K씨는 가족과 함께 해외 근무를 위해 출국하려고 한다. 이 경우에도 여전히 거주자인가?

그렇다. 파견 기간 종료 후 재입국을 할 것으로 인정되기 때문이다. 실무에서는 국내에 주소, 거소, 가족, 자산, 직업 등 항구적 주거지가 국내에 있어 향후 해외 근무 기간 종료 후 국내로 다시 돌아와 회사에 복귀해 근무하고 국내에 거주할 것이라면 비거주자로 보지 않는다. 물론 이는 과세관청이 출국 목적 등을 종합해 사실판단을 하게 된다.

☞ 이처럼 국내 거주자로 인정되면 국외에 거주하더라도 국내의 거주자와 동일한 세제 혜택을 받을 수 있다. 대표적인 것은 다음과 같다.

- 일시적 2주택 비과세의 적용
- 1세대 1주택 장기보유특별공제 최대 80% 적용 등

Q3 만일 앞의 현지법인이 국내에서 50% 출자한 법인이라면 이 경우 K씨는 거주자로 인정되지 않는가?

그렇지 않다. 이 경우에도 가족관계나 자산상태 등을 고려해 국내에서 거주할 것으로 인정되면 거주자에 해당한다.

Q4 K씨가 국내에서 파견된 것이 아니라, 외국에서 이 기업에 취업했다. 이 경우에는 거주자인가?

그렇지 않다. 이 경우에는 파견에 해당하지 않기 때문이다. 따라서 이 경우 '비거주자'로 볼 가능성이 크다. 다만, 국내에 가족이 있고 자산이 있는 경우라면 국내 거주자로 볼 가능성이 있다.

☞ 거주자 판단은 최종 과세관청(국세청)이 하는 것이므로 최대한 객관적인 사실을 갖추어두는 것이 좋다. 실무적인 접근법은 제6장을 참조하기 바란다.

유학생, 승무원, 운동선수 등과 비거주자 판단

이제 이 장을 마무리하는 관점에서 실무에서 조금씩 볼 수 있는 해외 유학생이나 운동선수 등에 대한 거주자 또는 비거주자 판단법을 정리해보자. 이들도 앞에서 본 영주권자 등에 대한 비거주자 판단과 큰 차이는 없으나 일부에서는 차이가 있을 수 있다.

1. 유학생

유학생이 외국에서 학교에 다니고 있는 경우에도 가족관계, 국내 재산 소유현황, 주민등록 관계 등으로 봐서 장래 귀국해 국내 거주할 것으로 인정되는 경우에는 '거주자'에 해당한다. 물론 거주자로 인정되지 않으면 비거주자에 해당한다.

※ 대법 98두7046, 1998. 6. 26

피상속인이 출국 후 17여 년간 해외에서 유학 생활하다 사망했으나 가족관계, 국내 재산 소유현황, 주민등록관계 등으로 봐서 장래 귀국해 국내 거주할 것으로 인정되므로 '거주자'에 해당함.

2. 승무원

외항 선박 또는 항공기 승무원의 경우 생계를 같이하는 가족이 거주하는 장소 또는 그 승무원이 근무 기간 외의 기간 중 통상 체재하는 장소가 국내에 있는 때는 주소가 국내에 있는 것으로 보고, 그 장소가 국외에 있는 때에는 주소가 국외에 있는 것으로 본다.

3. 해외 운동선수

해외에서 운동선수로 활동하고 있는 상황에서 국내에 가족이 있고 자산도 있는 경우에는 국내 거주자로 볼 가능성이 크다. 하지만 국내에 가족이 없고 자산도 없는 경우라면 비거주자로 볼 가능성이 크다. 더욱 자세한 정보를 얻기 위해 챗GPT에 물어봤다. 다음 내용을 참조해보자.

챗GPT 답변

- 계약 및 활동 : 운동선수가 주로 해외에서 활동하고, 한국 내에서의 체류가 단기간일 경우 비거주자로 판단될 수 있다.
- 주거지 : 운동선수의 주거지가 해외에 위치하고, 한국에서의 체류가 일시적이며 주거지와 경제적 활동의 중심이 다른 국가에 있다면 비거주자로 분류될 수 있다.
- 국내 체류기간 : 한국에서의 체류기간이 짧고, 주요 생활과 경제적 활동이 해외에서 이루어진다면 비거주자로 간주할 수 있다.

지금까지 본문을 통해 국내 거주자 또는 비거주자 판단에 관한 내용을 살펴봤다. 그런데 양국에서 거주자에 해당하는 때도 있다. 이 경우에는 어떤 식으로 이를 판단할까?

1. 이중거주자에 대한 거주지 판단절차

한 개인이 양국의 이중거주자에 해당하는 경우에는 한국-상대국과의 조세조약에 따라 순차적으로 거주지국을 판단한다. 다음의 절차에 따라 이 부분을 해결해보자.

절차	내용	비고
STEP 1	생활의 근거지(항구적 주거지)로 판단	국내에서 가족과 생활, 주택 등 재산 소재 등
▼		
STEP 2	중대한 이해관계(소득 발생)	주된 소득이 발생과 연관 관계가 큰 나라의 거주자로 봄.
▼		
STEP 3	일상적인 거소	
▼		
STEP 4	국적	
▼		
STEP 5	양 국가 간 상호합의	

앞의 내용은 이중거주자를 판단할 때 참고할 내용에 해당한다.

• STEP 1 : 양국 간 조세 조약상 거주자 판단은, 그가 주거를 두고 생계를 같이하는 가족과 있는 나라의 거주자로 본다.

- STEP 2 : 양 국가 내에 주거를 두고 있거나 어느 국가에도 주거를 두고 있지 않으면, 그의 인적 및 경제적 관계가 가장 밀접한 나라(중대한 이해관계의 중심지)의 거주자로 본다.

- STEP 3 : 중대한 이해관계의 중심지가 어느 나라에도 없거나 결정될 수 없으면, 그가 일상적 거소를 두고 있는 나라의 거주자로 본다.

- STEP 4 : 양 국가 내에 일상적 거소를 두고 있거나 어느 나라에도 거소를 두고 있지 않은 경우, 그가 시민으로 소속하고 있는 나라의 거주자로 본다.

- STEP 5 : 양 국가의 시민으로 되어 있거나 어느 나라 시민도 아니면, 양 국가의 권한 있는 당국은 상호합의*에 따라 거주자 판단을 해야 한다.

  * 조세조약에서 상호합의(Mutual Agreement Procedure, MAP)는 조세조약 당사국 간의 이중과세문제나 조약 해석과 관련된 분쟁을 해결하기 위한 절차를 말한다.

2. 적용 사례

사례를 통해 앞의 내용을 확인해보자. 다음 자료를 보고 물음에 답해보자.

자료

- K씨는 미국의 영주권자임.
- K씨는 국내의 세법상 거주자에 해당함.
- K씨는 국내의 상가를 양도하고자 함.

ⓆＱ1 K씨는 한국과 미국의 거주자에 해당하는가?

자료에서 K씨를 한국의 거주자로 가정했다. 그렇다면 미국의 영주권을 가지고 있는 상황에서 미국의 거주자로도 인정될 수 있을까? 이에 대해 챗GPT를 통해 알아보자.

챗GPT 답변

거주자 판단

1. K씨의 미국 거주자 여부

K씨는 미국의 영주권자로, 일반적으로 영주권자는 미국 내 거주자로 간주합니다. 미국의 세법에 따르면 영주권자는 미국에서 거주자로 취급되며 전 세계 소득에 대해 미국에 신고할 의무가 있습니다.

2. K씨의 한국 거주자 여부

K씨는 한국의 세법상 거주자에 해당한다고 합니다. 한국의 세법에서 '거주자'는 국내에 주소를 두거나 183일 이상의 거소를 둔 개인을 의미합니다. 따라서 K씨가 한국의 거주자로 간주된다는 것은 K씨가 한국에서 일정 기간 이상 거주하거나 주소를 두고 있다는 것을 의미합니다.

[결론]

K씨는 미국과 한국 양국 모두의 거주자에 해당합니다.

미국 거주자 : 미국 영주권자이므로 미국 세법상 거주자입니다.

한국 거주자 : 한국의 세법상 거주자에 해당합니다.

ⓆＱ2 이중거주자는 어떤 방식으로 거주자 판단을 할까?

미국 영주권자는 미국 세법에 따라 미국의 거주자로 볼 가능성이 커 보인다. 그렇다면 한국과 미국에서 모두 거주자에 해당하므로 이 중 어느 나라의 거주자에 해당하는지를 판정해야 한다. 조세조약 등에 의하면 거주자는 한 국가에 귀속되는 식으로 되어 있기 때문이다.

이에 대해서 챗GPT는 어떻게 답하고 있을까?

챗GPT 답변

K씨가 한국과 미국 양국의 세법에 모두 거주자로 해당하는 경우, 두 나라 간의 조세조약에 따라 최종적인 거주 국가를 결정하는 절차를 따라야 합니다. 이 절차는 한국-미국 조세조약 제4조에 명시된 기준에 따라 결정됩니다.

한국-미국 조세조약 제4조의 적용

조세조약 제4조는 거주자의 판단기준을 다음과 같이 설정합니다.

1. 항구적 주거지(Permanent Home) :
- K씨가 항구적으로 주거할 수 있는 장소가 있는 국가를 거주지로 판단합니다. 즉, K씨가 실제로 주거할 수 있는 집이 있는 국가입니다.

2. 중대한 이해관계의 중심지(Center of Vital Interests) :
- K씨의 주된 소득 발생지, 가족의 거주지, 경제적 이해관계 등을 고려해 가장 밀접한 이해관계를 가진 국가를 판단합니다.

3. 일상적 거소(Habitual Abode) :
- K씨가 일상적으로 거주하는 국가, 즉 실제로 자주 거주하는 장소입니다.

4. 국적(Nationality) :
국적을 기준으로 판단하며, 양국에 모두 국적이 있는 경우에는 다음 단계로 진행합니다.

5. 상호합의(Mutual Agreement) :
앞의 모든 기준으로도 거주지를 결정할 수 없는 경우, 양국의 세무당국이 상호 합의해 결정합니다.

K씨의 상황 적용

1. 항구적 주거지 :
- K씨가 한국에 주소를 두고 거주하고 있으며, 상가를 양도하려는 점에서 한국에 주거지가 있는 것으로 판단될 수 있습니다.

2. 중대한 이해관계의 중심지 :
- K씨의 주요 생활 기반, 가족, 자산 등에서 가장 밀접한 이해관계를 가진 국가를 고려해야 합니다. K씨가 미국 영주권자라면 미국과의 이해관계도 중요할 수 있습니다.

3. 일상적 거소 :
K씨가 실제로 일상적으로 거주하는 장소가 한국인지 미국인지 확인해야 합니다.

4. 국적 :
K씨는 한국과 미국 모두 국적을 가지고 있다면, 앞의 기준으로 결정됩니다.

5. 상호합의 :
최종적으로 두 나라의 세무당국이 상호 합의해 K씨의 거주지를 결정할 수 있습니다.

[결론]

K씨가 **한국에서 주소를 두고 상가를 양도하는 경우**가 주요한 요소로 작용할 수 있으며, 이는 K씨의 거주지를 한국으로 판단하는 데 중요한 기준이 됩니다. 그러나 K씨가 미국의 영주권자이기도 하므로 미국에서도 중요한 이해관계를 가지고 있을 수 있습니다.

따라서, K씨의 경우 **주된 거주지**가 어디인지, 즉 **항구적인 주거지와 중대한 이해관계의 중심지**를 기준으로 최종적으로 세무당국이 결정을 내릴 필요가 있습니다.

일반적으로 K씨가 한국에서 실질적인 거주지와 주요 생활 기반을 두고 있다면 한국이 거주 국가로 판단될 가능성이 큽니다. 하지만 정확한 판단을 위해서는 세무당국과의 협의가 필요합니다.

이상의 답변을 보면 최종 결정은 유보되어 있다. 이에 대한 최종 결정 권한은 과세관청에 있기 때문이다. 이때 세무사 등 세무 전문가의 역할이 강조된다.

Q3 만일 K씨가 미국의 거주자로 판정 났다고 하자. 이 경우 국내에서는 양도세 신고를 어떤 식으로 해야 하나?

일반 거주자처럼 해야 한다. 즉, 양도일이 속하는 달의 말일로부터 2개월 이내에 신고 및 납부한다.

Q4 국내에서 양도가 되는 경우 미국에서도 다시 신고해야 하는가?

이는 미국의 세법에 따라 신고하는 것이므로 당연히 그렇다. 이때 국내에서 납부한 양도세는 미국에서 공제된다(한도 내).

Q5 K씨는 매각대금을 국내에 남겨둘 수 있는가? 이 경우에도 미국에 금융계좌를 신고해야 하는가?

본인의 뜻대로 국내에 남겨놓을 수 있다. 다만, 미국 영주권자의 경우 미국 국세청에 해외 금융계좌 보고의무가 있다.

☞ 한국 거주자*면 해외 금융계좌의 매월 말일 중 어느 하루라도 5억 원을 초과하는 경우 다음연도 6월 말일까지 해외 금융계좌를 신고해야 한다.

> * 단기 체류 외국인, 국내 체류기간이 182일 이하인 재외국민, 국가 등은 신고의무가 없다. 참고로 2025년 이후부터는 미신고나 과소신고한 경우 10~20%의 과태료가 10%로 단일화되고 한도도 20억 원에서 10억 원으로 인하될 예정이다(2025년 세법개정안).

Q6 만일 매각대금을 국내에 남겨놓은 상태에서 미국 국세청에 해외 금융계좌 보고의무를 이행하지 않으면 미국 국세청은 이 사실을 알까?

2015년부터 매년 정기적으로 조세 관련 금융정보를 상호 교환할 수 있도록 미국과 한·미 조세 정보 자동교환협정을 체결했다. 따라서 이러한 과정에서 해당 사실이 파악될 수 있다.

제 **3** 장

비거주자의
부동산 취득과 세금

비거주자의 부동산 취득 시 행정 및 세무절차

이제 앞에서 살펴본 지식을 발판으로 비거주자의 국내 부동산의 취득, 보유, 임대, 양도, 상속, 증여 시 발생하는 세무상 쟁점 등을 살펴보자. 먼저 국내 비거주자가 국내 부동산을 취득하는 경우 행정절차와 세무 측면 등에서 국내 거주자와 어떤 차이가 나는지부터 정리를 해보자. 이러한 내용을 이해하는 것은 비거주자의 국내 부동산 취득에 대한 세무 리스크를 줄여주는 역할을 하게 될 것이다.

1. 비거주자의 국내 부동산 취득

(1) 행정절차

국내 거주자나 국외 비거주자가 국내에 소재한 부동산을 취득할 때 행정절차는 어떻게 되는지 알아보자. 세무 외 등기절차에 대해서는 등기 전문가를 통해 알아보기 바란다.

구분	거주자		비거주자	
	국민	외국인	국민	외국인
	국민 : 영주권자 포함, 외국인 : 시민권자 포함			
계약 후	• 모든 계약자 : 계약일 30일 내 거래신고(부동산거래신고법) • 외국인 계약자 : 외화인출 시 부동산 취득신고(외국환거래법)*			
잔금 지급 후	취득세 납부(잔금일~60일 내)			
등기 시 제출 서류	• 모든 계약자 : 매매계약서, 등기필증, 주민등록등본(외국인 등록증) 사본 • 외국인 계약자 : 부동산 등기용 등록번호증명서(출입국관리소)**, 주소증 명서 등			

* 국내에 유입된 외화를 찾을 때 부동산 취득신고를 해야 한다(외국환거래법 제18조, 자세한 내용은 외국환 은행 문의).

** 비거주자 외국인이 국내의 부동산을 취득하기 위해서는 부동산 등기용 등본번호를 출입국관리소에 신청한 후 이를 부여받아야 한다.

(2) 세무절차

국내 비거주자가 국내 부동산에 투자할 때 만나는 세금 문제를 단계별로 알아보면 다음과 같다.

구분	세목	비거주자의 적용 범위
취득단계	취득세	• 원칙 : 국내 거주자와 동일 • 예외 : 비과세와 감면은 일부 제한
보유단계	• 재산세 • 종부세	• 원칙 : 국내 거주자와 동일 • 예외 : 종부세 1주택 특례(12억 원, 나이 공제 등)는 적용 제한
임대단계	소득세	• 원칙 : 국내 거주자와 동일 • 예외 : 비과세와 감면(주택임대사업)은 제한
양도단계	양도세	• 원칙 : 국내 거주자와 동일 • 예외 : 비과세와 감면은 제한

2. 적용 사례

사례를 통해 앞의 내용을 확인해보자. K씨는 한국 국적을 포기하고 미국의 시민권을 획득했다. 그는 여유자금을 가지고 국내에 있는 부동산을 취득하려고 한다. 다음 자료를 보고 물음에 답해보자.

자료

• 취득 대상 자산 : 주택
• 예상취득금액 : 10억 원

Q1 취득자금은 국내에 어떤 절차를 거쳐 반입할 수 있을까?

K씨가 자금을 국내에 자금을 송금할 때, 자금을 수취할 한국의 외환은행(예 : 은행의 외환부서)에 자본거래 신고서를 제출해야 한다.

▶ 필요서류 : 자본거래 신고서, 자금의 출처를 증명할 서류(예 : 미국 은행 거래내역서), 부동산 매매계약서 등

Q2 K씨는 한국 국적자가 아니므로 외국인 비거주자에 해당한다. 이 경우 주택을 취득할 때 어떤 규제를 적용받을까?

외국의 자본이 국내에 유입되는 경우에는 국내에서 자금을 찾을 때 외국환 은행을 통한 '부동산 취득신고'가 이루어져야 한다.

Q3 K씨가 자료상의 주택을 취득하면 취득세는 얼마나 될까?

현행 국내 세법에 의하면 9억 원이 넘어가는 주택에 대해서는 취득세율이 3%가 적용된다. 따라서 10억 원의 3%인 3,000만 원이 취득세

가 된다. 이외 농특세 등이 추가로 부과된다. 자세한 취득세율은 뒤에서 잠시 살펴보자.

Q4 앞의 물음과 관계없이 비거주자에 대해서도 주택에 대한 취득세 중과세율이 적용될까? 현재 다주택 거주자에 대해서는 주택에 대한 취득세 중과세율이 최대 12%까지 적용되고 있다.

당연하다. 비거주자라고 특별히 우대해줄 이유는 없기 때문이다.

거주자와 비거주자(영주권자)의 부동산 취득절차

앞에서 본 내용을 토대로 국내 거주자와 비거주자(영주권자)의 국내 부동산 취득절차에 대해 간략히 정리해보자. 기타 외국인 거주자나 시민권자 등 비거주자에 대한 국내 부동산 취득절차는 관할 지자체 등을 통해 알아보기 바란다.

1. 부동산 거래절차

(1) 국내 거주자

국내 거주자의 부동산 취득절차는 '부동산 계약체결 → 부동산 거래의 신고 → 잔금 지급 → 소유권이전등기'의 절차를 거쳐 완성된다.

(2) 비거주자(영주권자)

한국 국적을 가지고 있으면서도 외국에서 영주권을 가지고 있거나 영주할 목적으로 외국에 거주하고 있는 국민을 '재외국민'이라고 한다. 즉,

이들도 한국의 국민에 해당한다. 따라서 영주권자인 비거주자에 대해서는 국내 거주자인 일반 국민과 취득절차에서 차이가 없다.

일반 국민과 영주권자의 국내 부동산 취득 시 비교

구분	일반 국민	영주권자
취득 가능 여부	제한 없이 취득 가능	좌동
취득신고	별도의 신고필요 없음.	좌동
취득세	국내 세법에 따라 적용됨.	좌동
보유세	국내 세법에 따라 적용됨.	좌동
매각 시 요건	제한 없음.	좌동
법적 의무	외국환거래법에 따른 신고필요 없음.	외국환거래법에 따른 신고의무가 있을 수 있음.*

* 외국에서 자금이 들어왔을 때 이에 대한 내역 등을 신고하는 것을 말함(외국환 은행 문의).

2. 적용 사례

K씨는 재외국민으로 미국 영주권자에 해당한다. 물음에 답해보자.

Q1 미국영주권을 가지고 있다면 한국 국적을 포기해야 하는가?

그렇지 않다. 영주권자는 엄연히 한국, 즉 대한민국 국적을 가진 대한민국의 국민에 해당하기 때문이다(언제든지 국내로 복귀 가능).

※ 재외동포의 출입국과 법적 지위에 관한 법률(약칭 : 재외동포법)

이 법에서 '재외동포'란 다음 각호의 어느 하나에 해당하는 자를 말한다(제2조).
1. 대한민국의 국민으로서 외국의 영주권(永住權)을 취득한 자 또는 영주할 목적으로 외국에 거주하고 있는 자(이하 '재외국민'이라 한다)
2. 대한민국의 국적을 보유하였던 자(대한민국 정부 수립 전에 국외로 이주한 동포를 포함한

다) 또는 그 직계비속으로서 외국 국적을 취득한 자 중 대통령령으로 정하는 자(이하 '외국 국적 동포'라 한다)*

* 시민권자에 해당한다.

(Q2) 미국영주권을 가지고 있는 상황에서 주소정리는 어떻게 해야 하는가?

재외국민등록법에 따라 재외국민으로 등록을 해야 한다. 이 법에서는 외국의 일정한 지역에 계속해 90일 이상 거주하거나 체류할 의사를 가지고 그 지역에 체류하는 대한민국 국민은 이 법에 따라 등록하도록 하고 있다.

※ 재외국민 등록방법(영주권자)

등록하려는 재외국민은 주소나 거소(居所)를 관할하는 대한민국 대사관·총영사관·영사관·분관(分館) 또는 출장소(이하 '등록공관'이라 한다)에 다음 각호의 사항을 등록해야 한다.
1. 성명
2. 생년월일 및 주민등록번호(국내에서 주민등록을 한 자의 경우만 해당한다)
3. 성별
4. 등록기준지(가족관계등록이 되어 있는 자의 경우에 한한다)
5. 직업 및 소속 기관
6. 병역관계(남자의 경우만 해당한다)
7. 체류 목적 및 자격
8. 거주국 내의 주소나 거소, 전화번호, 그 밖의 연락처

(Q3) K씨가 국내의 부동산을 취득하는데 내국인에 비해 어떤 제한이 있는가?

영주권자의 경우는 한국 내 거주자와 동일하게 자유롭게 국내의 부동산 및 이에 관한 임차권 기타 이와 유사한 권리를 취득할 수 있으며,

외국환거래법상의 '부동산 취득신고' 대상에서 원칙적으로 제외된다.*
다만, 농지를 취득할 때는 국내 거주자와 동일하게 일정한 제한이 있다.

* 물론 송금 내역 등에 대해서는 신고가 뒤따를 수 있다. 참고로 법률상 외국인은 외국환거래법상의 부
  동산 취득신고의 대상이 된다.

Q4 K씨가 부동산을 계약한 날로부터 30일 이내에 부동산 거래신고를
해야 한다고 한다. 이는 어떤 제도이며, 언제까지 어디에 신고해야
하는가?

한국에서 부동산 계약을 한 경우 '부동산 거래신고법'에 따라 계약일
로부터 30일 이내에 부동산 등의 소재지를 담당하는 시장·군수 또는
구청장에게 부동산 거래 내역을 신고해야 한다. 이는 국내 거주자에게
도 동일하게 적용된다.

비거주자의 국내 주택 취득과 취득세

비거주자(영주권자 등)가 국내에서 주택을 취득하는 경우 취득세는 얼마나 나오는지 정리해보자. 참고로 비거주자의 주택 취득세는 국내 거주자와 차이가 없다.

1. 주택 취득세 일반세율

주택을 유상 거래한 경우 실제 취득가액의 크기에 따라 다음과 같이 세율이 적용되고 있다.

구분	기본세율	비고
6억 원 이하	1%	
6억~9억 원 이하	산식	산식 : (취득가액×2/3억 −3)/100
9억 원 초과	3%	

2. 주택 취득세 중과세율

현행 주택에 대한 중과세율은 다음과 같이 주택수와 조정지역 소재 여부에 따라 세율 차이가 나고 있다.

지역	1주택	2주택	3주택	법인 · 4주택↑
조정지역*	1~3%	8% (일시적 2주택은 1~3%)	12%	12%
비조정 대상 지역		1~3%	8%	12%

* 2024년 12월 현재 서울 강남·서초·송파·용산구 등 4곳이 지정되어 있다.

3. 농특세와 지방교육세

부동산을 취득하면 부가적으로 농특세와 지방교육세가 부과된다.

(1) 농특세

농특세는 지법 제11조(과세표준) 및 제12조(세율)의 표준세율을 100분의 2로 적용해서 지법, 지특법, 조특법에 따라 산출한 취득세액의 10%를 부과한다. 따라서 취득세에 대한 농특세율은 원칙적으로 '2%×10%'인 0.2%가 된다. 다만, 주택의 경우 전용면적이 $85m^2$ 이하이면 비과세되나, 이를 초과하면서 중과세율이 적용되면 농특세는 다음과 같이 증가하게 된다.

- 중과 8% 농특세율 → 0.2%+(8%-4%)×10% = 0.6%
- 중과 12% 농특세율 → 0.2%+(12%-4%)×10% = 1.0%
- 참고 : 일반 농특세율 → 0.2%

(2) 지방교육세

원칙적으로 '표준세율-2%'를 적용해 산출한 금액의 20%로 부과한다. 다만, 주택의 경우에는 취득세 표준세율이 4%에서 1~3%로 인하되었으므로 이 세율에 100분의 50을 곱한 세율을 적용해 산출한 금액의 20%로 부과한다. 만일 주택의 취득세율이 1%라면 '0.5%×20%'인 0.1%가 지방교육세가 된다. 다만, 주택에 대해 취득세 중과세율이 적용되면 획일적으로 0.4%를 적용한다.

4. 총세율 요약

주택을 예로 들어 총세율을 요약해보자. 참고로 전용면적 $85m^2$ 이하 주택은 농특세가 비과세 되므로 면적에 따라 총세율이 차이가 난다.

(1) 일반세율이 적용되는 경우

구분	취득세율	농특세율	지방교육세율	합계
6억 원 이하	1%	0%, 0.2% (전자는 85㎡ 이하, 후자는 초과. 이하 동일)	0.1%	1.1%, 1.3%
6~9억 원 이하	산식*	0%, 0.2%	취득세율×50% ×20%	산식의 결과에 따라 총세율이 달라짐.
9억 원 초과	3%	0%, 0.2%	0.3%	3.3%, 3.5%

* 산식은 98페이지를 참조하기 바란다.

(2) 중과세율이 적용되는 경우

구분	취득세율	농특세율	지방교육세율	합계
8% 중과세율	8%	0%, 0.6%	0.4%	8.4%, 9.0%
12% 중과세율	12%	0%, 1.0%	0.4%	12.4%, 13.4%

※ 주택 취득세와 관련해 추가로 확인해야 할 사항

- 유상 거래되는 주택 취득세는 원칙적으로 1~3%나, 주택수가 증가하면 취득세율이 8~12%까지 인상된다.
- 주택수에는 주택뿐만 아니라 2020년 8월 12일 이후에 취득한 주거용 오피스텔, 주택분양권, 조합원입주권도 포함한다. 주택수 산정은 취득세뿐만 아니라 종부세 그리고 양도세에서 매우 중요하다.
- 주택 취득세는 공동등기를 하더라도 전체 취득세는 변동이 없다.
- 임대주택 등에 대해서는 취득세가 감면될 수 있다. 다만, 이를 감면받기 위해서는 감면요건(임대등록 등)을 확인해야 한다.
- 전용면적 85㎡ 이하의 주택은 농특세(10%)가 비과세된다. 하지만 지방교육세는 무조건 부과된다.
- 주택 중과세에 대한 농특세는 중과세 유형에 따라 0.6% 또는 1.0%가 되나, 지방교육세는 이와 무관하게 0.4%가 적용된다.

5. 적용 사례

K씨는 비거주자로 5억 원 상당의 주택을 취득하려고 한다. 다음 자료를 보고 물음에 답해보자.

자료

- 국적은 한국이며, 한국의 주소는 부친 주소지로 되어 있음.
- 부친은 현재 3주택을 보유 중임.
- K씨는 현재 국내에서 주택을 보유하고 있지 않음.
- 자금은 국내 통장에 보관된 돈과 송금을 통해 이루어질 예정임.

Q1 K씨는 부친과 동일한 세대로 간주하는가?

아니다. 지령 제28조의 3 제2항 제3호에서는 별도의 세대로 인정해준다.

② 제1항에도 불구하고 다음 각호의 어느 하나에 해당하는 경우에는 각각 별도의 세대로 본다.

   3. 취학 또는 근무상의 형편 등으로 세대 전원이 90일 이상 출국하는 경우로서 주민등록법 제10조의 3 제1항 본문에 따라 해당 세대가 출국 후에 속할 거주지를 다른 가족의 주소로 신고한 경우

Q2 K씨가 부담해야 할 취득세는?

5억 원의 1.1%(85㎡ 초과분은 1.3%)가 적용된다. 따라서 550만 원이 취득세가 된다.

Q3 K씨가 이 주택을 양도해서 비과세를 받기 위해서는 어떤 조치가 필요할까?

국내에 입국해 거주자가 된 날로부터 2년 이상 보유(취득 당시 조정지역이면 2년 이상 거주)해야 비과세를 받을 수 있다.

비거주자의 국내 상가 취득과 취득세

비거주자가 국내에서 상가를 취득하는 경우를 보자. 상가의 경우 주택과는 달리 취득세 외에 부가가치세가 추가로 발생한다는 점이 차이가 난다. 참고로 상가의 취득세는 국내 거주자와 동일하게 과세된다.

1. 상가 취득 시 세무상 쟁점

상가를 취득하면 취득세 외에 다양한 세무상 쟁점들이 발생한다. 예를 들어 다음과 같은 것들이 주요 내용이 될 수 있다.

- 토지와 건물의 취득가액 구분
- 취득부대비용의 처리법
- 취득세(일반과세와 중과세의 적용)
- 부가세(포괄양수도, 환급절차)
- 자금출처조사 등

이 중 비거주자가 국내의 상가를 취득하는 경우의 취득세 일반세율에 대해 알아보자. 물론 이는 거주자와 같다.

구분	취득세	농특세	지방교육세	계
과세기준	표준세율	취득세율 1/2의 10%	취득세율 1/2의 20%	
세율	4%*	0.2%	0.4%	4.6%

* 고급 오락장 건물을 취득하면 취득세가 중과세가 적용된다.

☞ 참고로 비거주자가 국내의 오피스텔이나 토지 등을 취득한 때도 원칙적으로 4.6%가 적용된다.

2. 적용 사례

비거주자인 K씨는 다음과 같이 상가를 취득하려고 한다. 물음에 답해보자.

구분	금액	비고
토지가액	10억 원	계약서상의 금액
건물가액	10억 원	
부가세	1억 원	
계	21억 원	

(Q1) 취득세 과세표준은 얼마인가?

취득세의 과세표준이 되는 취득가격은 과세대상 물건의 취득 시기를 기준으로, 그 이전에 당해 물건을 취득하기 위해 거래상대방 또는 제삼자에게 지급했거나 지급해야 할 일체의 비용을 말한다(단, 개인은 중개수수료 제외). 부가세는 제외한다.

Q2 취득세 관련 세금은 얼마인가?

과세표준 20억 원에 대해 4.6%를 곱하면 9,200만 원이 취득 관련 세금이 된다.

Q3 상가 취득 시 발생한 부가세는 비거주자가 어떻게 해야 환급을 받을 수 있을까?

한국 세무서에 일반과세자로 등록한 후 환급신청을 해야 한다. 이러한 업무는 통상 세무회계사무소 등을 통해 이루어진다.

Q4 상가 취득 후 발생한 임대소득에 대한 신고는 어떻게 해야 하는가?

국내의 세무신고절차에 따라 소득세를 신고 및 납부해야 한다. 이후 거주지국의 세법에 따라 거주지국 국세청에 소득보고를 하는 것이 원칙이다. 이 과정에서 소득세가 이중으로 과세되면 국내에서 납부한 세액을 거주지국 소득세에서 공제받을 수 있다.

☞ 임대소득에 대한 이중과세 조정 등은 다음 장을 참조하기 바란다.

국내 일반 거주자의 경우 자유로운 의사에 따라 국내 부동산을 자유롭게 취득할 수 있다. 물론 취득자금이 외국에서 유입된 경우에는 이에 대한 소명 절차를 밟아야 한다. 다음에서는 비거주자의 국내 부동산 취득과 관련된 신고제도를 간략히 살펴보자. 양도와 관련한 신고제도는 제5장에서 살펴본다.

1. 자본 거래신고

자본거래는 외국에서의 자본 유입 또는 유출, 즉 외환 거래와 관련된 투자의 이동을 의미한다. 예를 들어, 해외에서 자금을 유치하거나 해외로 자금을 송금하는 거래가 포함된다. 이러한 자본거래를 수행하는 개인 또는 법인은 해당 거래를 국가의 금융 감독 기관이나 관련 당국에 신고해야 할 의무가 있다(외국환거래법 제18조).

☞ 이러한 제도는 거주자도 적용받는다.

2. 부동산 거래신고

부동산 거래신고는 부동산 거래신고법에 따라 계약일로부터 30일 이내에 관할 지자체에 거래 내역을 신고하는 제도를 말한다(부동산거래신고법 제3조).

☞ 거주자와 비거주자 모두에게 적용된다.

3. 외국인 부동산 취득신고

외국인이 한국에서 부동산을 취득할 경우, 외국인 투자 진흥법, 외국
환거래법 등 관련 법규에 따라 신고와 승인이 필요하다(다음 서식 참조).
외화를 찾을 때는 부동산 취득신고가 필요하다. 이는 외국환거래법에
서 규정하고 있다(외국환거래법 제18조 등).

☞ 외국인 등 비거주자에게 적용되는 제도에 해당한다.

부동산 취득 시 주요 제도

구분	취득절차	비고
국내 자금 반입	자본거래 신고	거주자와 비거주자
계약 시	부동산거래신고 : 계약일~30일	거주자와 비거주자
	부동산 취득신고 : 외화자금 인출 시	외국인
잔금 납부 시	취득세 : 잔금 말일~60일	거주자와 비거주자

[별지 제9-12호 서식]

부동산 취득신고(수리)서				처리기간
신청인	상호 및 대표자 성명			㉑
	주소(소재지)	(전화번호)		
	업종(직업)			
신청내역	취득인	(성명) (주소) (전화번호)		
	취득 상대방	(성명) (주소) (전화번호)		
	부동산의 종류			
	소재지			
	면적			
	취득가액	(취득단가)		
	취득기간			
	취득사유			

외국환거래법 제18조의 규정에 의하여 위와 같이 신고합니다.

년   월   일

한국은행총재 귀하
(외국환은행의 장)

신청(신고)인 귀하 위의 신고를 다음과 같이 신고수리함.	신고(수리)번호	
	신고(수리)금액	
	유 효 기 간	

신고수리 조건 :   년   월   일
신고수리 기관 : 한국은행 총재 ㉑
(외국환은행의 장)

제 **4** 장

비거주자의 부동산
보유·임대와 세금

거주자와 비거주자의 보유세 비교

보유세는 부동산을 보유할 때 부과되는 재산세와 종부세 등을 말한다. 이 중 종부세가 의미가 있는데, 종부세법에서는 국내 거주 1세대 1주택자들에 대해서는 기본공제를 12억 원 해주고 80%의 세액공제율을 적용하나, 비거주자에 대해서는 이러한 혜택을 주지 않고 있다. 다음에서는 보유세 과세방식 정도만 살펴보자. 나머지는 저자의 다른 책들을 참조하면 된다.

1. 거주자의 보유세 과세방식

거주자에 대한 보유세는 다음과 같은 방식으로 과세된다.

(1) 재산세

보유세는 부동산 보유 사실에 과세하므로 동일물건에 대해서는 동일하게 과세하는 것이 원칙이다. 다만, 주택 재산세의 경우에는 1세대 1주택자에 대한 특례가 존재한다. 예를 들어 시가표준액이 9억 원 이하인 1세대 1주택자의 재산세율은 0.05~0.35%(원칙 0.1~0.4%)가 된다. 이 때 1세대 1주택자는 주민등록법 제7조에 따른 세대별 주민등록표에 함께 기재되어 있는 가족(동거인은 제외한다)으로 구성된 1세대를 말한다. 따라서 이러한 특례는 거주자에게 적용한다. 한편 서민의 주거를 안정적으로 공급하기 위해 지특법에서 임대 등록한 주택에 대해서는 원칙적으로 재산세를 감면한다.

(2) 종부세

종부세도 보유세의 일종으로 재산세와는 달리 중앙정부에서 과세하는 세금에 해당한다. 이러한 종부세는 고가의 주택이나 토지 등에 대해 획일적으로 과세하는 것이 원칙이다. 다만, 주택 종부세의 경우 재산세처럼 1세대 1주택자에 대해 공제 등의 특례(12억 원 공제, 세액공제율 한도 80%)제도를 적용한다. 한편 재산세에서 본 것처럼 서민 주거의 안정을 위해 임대등록을 한 주택에 대해서는 종부세를 합산배제를 적용해 과세에서 제외하고 있다.

거주자의 보유세 과세방식

구분	재산세	종부세
개념	지방정부에서 과세하는 보유세	중앙정부에서 과세하는 보유세
과세기준일	매년 6월 1일	좌동
과세표준	기준시가×공정시장가액비율(주택은 60%*, 토지와 건물은 70%로 고시됨) * 1세대 1주택공제율(43~45%) 특례	• (기준시가-9억 원*)×공정시장가액비율(주택은 60%, 토지와 건물은 80%로 고시됨) * 1세대 1주택 12억 원
세율	• 주택 : 0.1~0.4%* * 1세대 1주택(9억 원 이하) 세율 특례 : 0.05~0.35% • 토지 : 토지 성격에 따라 다양하게 규정됨.	• 주택 : 0.5~5% • 토지 : 별도합산토지와 종합합산토지에 적용

구분	재산세	종부세
감면	등록임대주택 등에 대해서는 감면 (지특법)	등록임대주택 등에 대해서는 종부세 합산배제
재산세중복분	-	재산세중복분을 종부세 산출세액에서 공제해야 함(이중납부 방지).
세액공제율	-	• 보유공제율 : 20~40% • 나이공제율 : 20~50% • 한도 : 80%
세 부담 상한률	• 주택 : 105~130%(과세표준 상한제 와 병행 적용) • 주택 외 : 130%	150%
신고·납부	지방자치단체에서 고지 • 7월 31일 : 주택의 1/2, 기타건물 등 • 9월 30일 : 주택의 1/2, 토지	정부에서 고지(단, 오류 발생 시 수정신 고나 경정청구를 해야 함) • 12월 1일부터 12월 15일에 징수

☞ 참고로 미국의 경우 재산세 명칭은 'Property Tax'로 다음과 같은 방식으로 과세된다. 더욱 자세한 사항을 알고 싶다면 챗GPT를 통해 알아보기 바란다.

• 과세기준 : 주택의 시가(시장 가치)에 기반
• 과세방식 : 주택의 시장 가치에 따라 세금이 부과되며, 지역 정부나 시에서 징수함.
• 세율 : 주마다 다르며, 보통 0.5%에서 2.5% 사이임.

2. 비거주자의 보유세

비거주자도 국내 거주자처럼 재산세와 종부세를 내야 한다. 다만, 1세대 1주택에 대한 특례는 받을 수 없다.

(1) 재산세

국내에서 거주하는 1세대 1주택자에 대한 재산세 과세 시 공정시장가액비율과 세율에서 특례를 받을 수 있으나, 비거주자는 이러한 혜택을 받을 수 없다. 다만, 관할 지자체에 등록한 임대주택에 대해서는 재산세 감면의 혜택이 주어진다.

(2) 종부세

국내에서 거주하는 1세대 1주택자에 대한 종부세 과세 시 공제와 세액공제 등에서 혜택이 주어지나, 비거주자에 대해서는 이러한 혜택이 없다. 다만, 관할 지자체에 임대등록 및 관할 세무서에 사업자등록을 한 경우 종부세 합산배제의 혜택을 받을 수 있다.

Tip) 세목별 1세대 1주택과 조세특례

구분	거주자	비거주자
취득세	1~3%	좌동
재산세	1주택 공정시장가액비율과 세율 적용 특례	적용 X
종부세	• 1주택 12억 원, 80% 세액공제율 특례 • 임대주택 합산배제 특례	• 적용 X • 적용
임대소득세	• 1주택 임대소득 비과세 • 2,000만 원 이하 분리과세 선택 • 임대주택 소득세 감면	• 적용 • 적용 • 적용 X
양도세	• 1주택 비과세 • 임대사업자 거주주택 비과세 • 임대주택 장기보유특별공제 40~70% • 임대주택 100% 감면 • 조특법상 신축 감면 등	• 적용 X(출국 시 가능) • 적용 X • 적용 X(40% ○) • 적용 X • 적용 X(일부 ○)

거주자와 비거주자의 임대소득 과세방식 비교

지금부터는 비거주자의 국내에서 발생한 부동산 임대소득에 대한 과세방식 등을 알아보자. 이를 위해서는 국내 세법상의 규정을 제대로 이해하고 있어야 한다. 다음에서 이에 대해 먼저 정리해보자.

1. 임대소득에 대한 소득세 납세의무

소득법 제2조 납세의무에서 국내 소득법에 따라 소득세를 납부할 의무가 있는 자를 다음과 같이 정하고 있다.

1. 거주자
2. 비거주자로서 국내 원천소득(國內源泉所得)이 있는 개인

한편 소득법 제3조에서는 앞의 거주자와 비거주자에 대해 다음과 같이 과세소득의 범위에 적용하고 있다.

① 거주자에게는 이 법에서 규정하는 모든 소득*에 대해서 과세한다. 다만, 해당 과세기간 종료일 10년 전부터 국내에 주소나 거소를 둔 기간의 합계가 5년 이하인 외국인 거주자**에게는 과세대상 소득 중 국외에서 발생한 소득의 경우 국내에서 지급되거나 국내로 송금된 소득에 대해서만 과세한다.
② 비거주자에게는 제119조에 따른 국내 원천소득***에 대해서만 과세한다.

* 국내외에서 발생한 모든 소득을 말한다(소득법 기본통칙 3-0…1).

** 외국인 거주자도 국내외 소득에 대해 과세해야 하지만, 국내 체류기간이 5년 이하인 외국인 거주자는 외국에서 발생한 소득 중 국내에서 지급되거나 국내로 송금된 소득에 대해 과세한다(소득의 포착 가능성이 떨어지기 때문이다).

*** 소득의 발생원천이 국내에 있는 때에만 과세한다. 예를 들어 부동산소득(임대소득)의 경우 국내에 있는 부동산에서 발생하므로 국내에서 과세한다(국내 원천 부동산 등 양도소득은 별도로 과세).

2. 적용 사례

사례를 통해 앞의 내용을 확인해보자. 다음 자료를 보고 물음에 답해보자.

> **자료**
> • 국내 상가임대소득 금액 : 1억 원
> • 국외 주택임대소득 금액 : 1억 원

Q1 앞의 소득자가 거주자면 소득세 과세방식은?

거주자는 원칙적으로 국내외 소득을 합산해 종합과세한다. 이때 상대국에서도 과세가 되는 경우 이중과세 조정절차를 거쳐야 한다.

Q2 앞의 소득자가 외국인 거주자로 국내 체류기간이 5년이 넘은 경우와 안 된 경우의 과세방식은?

외국인 거주자도 국내 거주자에 해당하므로 원칙적으로 두 소득을 합산 과세한다. 다만, 국내 체류기간이 5년이 안 된 외국인 거주자는 소득이 국내에서 지급되거나 송금된 때에만 납세의무가 있다.

☞ 이러한 내용으로 보건대, 국내 거주자라고 하더라도 외국에서 소득이 발생한 사실을 알지 못하면(국외에서 지급되거나 국내 송금이 되지 않으면) 국내에서 소득세를 과세하기가 상당히 힘든 구조로 되어 있다. 다만, 상대국에서 과세가 된 경우에는 국내에서 자발적으로 신고할 가능성이 크다. 이중과세를 조정받기 위해서다.

Q3 앞의 소득자가 한국 국적을 보유한 캐나다 영주권자인 비거주자라고 하자. 이 경우 소득세 과세범위는?

비거주자는 국내에 소재한 부동산에서 발생한 소득에 대해서만 납세의무가 있다. 따라서 국외에서 발생한 소득에 대해서는 국내에서 과세권이 없다.

Q4 앞의 소유자가 한국 국적을 포기한 미국의 시민권자라고 하자. 그가 국내에서 받은 소득을 미국 국세청에 신고해야 하는가?

미국은 미국 거주자가 벌어들인 전 세계의 소득에 대해 미국의 국세청에 신고하도록 하는 의무를 부여하고 있다. 이 경우에도 이중과세 조정의 문제가 발생한다.

임대소득 비과세와 분리과세 그리고 감면의 적용

거주자와 비거주자의 정의와 과세소득의 범위가 이해되었다면, 이제 비과세나 중과세 그리고 감면 같은 과세방식을 이해할 필요가 있다. 이에 대해 국내 세법이 비거주자에 대해 차별할 가능성이 크기 때문이다. 결론을 말하면 비과세나 감면 같은 조세우대는 주로 국내 거주자에게 적용하며, 중과세 같은 조세 불이익은 거주자와 동일하게 적용하는 경우가 많다. 다만, 조세 정책적으로 비거주자에 대해서도 조세우대를 해주는 것이 더 효익이 큰 경우에는 이들에게도 혜택이 주어지는 예도 있다. 대표적인 것이 바로 주택임대사업자에 대한 것이다. 다음에서는 먼저 임대소득 비과세와 분리과세 그리고 감면에 대해 알아보자.

1. 임대소득 비과세와 분리과세, 감면

임대소득은 부동산의 운용소득으로 근로소득처럼 인적용역이 투입되는 것이 아니라, 원칙적으로 종합과세하는 것이 원칙이다. 다만, 주택에 대해서는 비과세와 분리과세의 혜택이 주어진다. 전자는 국가가 과세권을 포기한 것을, 후자는 14%의 저렴한 세율로 과세를 종결하는 것을 말한다.

(1) 비과세

부부합산 1세대 1주택자가 임대한 주택(기준시가 12억 원 이하)에 대해서는 특별히 전세와 월세 모두 비과세를 적용하고 있다.

> 나. 1개의 주택을 소유하는 자의 주택임대소득(제99조에 따른 기준시가가 12억 원을 초과하는 주택 및 국외에 소재하는 주택의 임대소득은 제외한다). 이 경우 주택수의 계산 및 주택임대소득의 산정 등 필요한 사항은 대통령령으로 정한다.

☞ 주택임대소득에 대한 비과세는 비거주자에게도 적용한다.

(2) 분리과세

소득법 제64조의 2에서는 거주자의 주택임대소득이 2,000만 원 이하이면 분리과세와 종합과세 중 선택할 수 있도록 하고 있다.

> ① 분리과세 주택임대소득이 있는 거주자*의 종합소득 결정세액은 다음 각호의 세액 중 하나를 선택하여 적용한다.
>   1. 제14조 제3항 제7호를 적용하기 전의 종합소득 결정세액
>   2. 다음 각 목의 세액을 더한 금액
> ② 제1항 제2호 가목에 따른 분리과세 주택임대소득에 대한 사업소득 금액은 총수입금액에서 필요경비(총수입금액의 100분의 50으로 한다)를 차감한 금액으로 하되, 분리과세 주택임대소득을 제외한 해당 과세기간의 종합소득금액이 2,000만 원 이하인 경우에는 추가로 200만 원을 차감한 금액으로 한다.

* 비거주자도 거주자처럼 분리과세를 선택할 수 있다(서면 법령해석 국조 2020-3106, 2020. 11. 5).

(3) 소득세 감면

주택임대소득에 대한 소득세 감면은 조특법 제96조에서 다음과 같이 정하고 있다.

- 임대주택을 1호 임대하는 경우 : 소득세 또는 법인세의 100분의 30(장기일반민간임대주택의 경우 100분의 75)
- 임대주택을 2호 이상 임대하는 경우 : 소득세 또는 법인세의 100분의 20(장기일반민간임대주택의 경우 100분의 50)

그런데 이 감면은 내국인 즉 거주자에게 적용한다(소득령 제96조 제1항).

① 법 제96조 제1항에서 '대통령령으로 정하는 내국인*'이란 다음 각호의 요건을 모두 충족하는 내국인을 말한다.

* 거주자를 말한다.

앞의 내용을 정리하면 다음과 같다.

비거주자의 주택임대소득 비과세와 분리과세

구분	거주자	비거주자
비과세	적용(1주택, 12억 원 이하)	좌동
분리과세(수입금액 2,000만 원 이하)	적용(14%와 종합과세 중 선택)	
감면	조특법 제96조 적용	적용하지 않음.

* 비거주자의 국내소유 임대주택에 대한 미등록가산세 적용, 비과세 소득 주택수 계산, 간주임대료 계산 방법(기준-2020-법령해석소득-0076, 2020. 4. 3)
비거주자에 대해서는 소득법 제81조의 12의 주택임대사업자 미등록가산세는 적용하지 않는 것임. 또한, 비거주자의 주택임대소득을 계산하는 경우 비거주자의 국외 소재 주택은 주택수의 계산에 포함하지 않는 것이며, 소득법 제12조 제2호 나목의 비과세 소득 및 제25조 제1항의 총수입금액 계산의 특례는 거주자와 동일하게 적용하는 것임.

2. 적용 사례

K씨는 미국의 영주권자에 해당한다. 그는 다음과 같이 국내에서 주택임대소득을 창출하고 있다. 물음에 답해보자.

자료

• 1주택
• 주택임대소득 : 월 300만 원

Q1 만일 해당 주택이 기준시가가 12억 원 이하라면 국내 세법에 따라 비과세가 가능한가?

그렇다. 부부합산 1세대 1주택이 기준시가 12억 원 이하라면 거주자 또는 비거주자 불문하고 비과세가 적용된다.

Q2 만일 앞의 주택이 기준시가가 12억 원을 넘어가면 국내에서 과세가 되는가?

그렇다. 비거주자는 거주자와는 달리 12억 원을 넘어가면 종합과세 되는 것이 원칙이다.

Q3 만일 앞의 주택이 기준시가가 12억 원을 넘어가고 월세가 연간 2,000만 원 이하이면 분리과세가 가능한가?

그렇다. 거주자처럼 분리과세와 종합과세 중 선택이 가능하다.

Q4 만일 이 주택에 대해 비과세가 적용된다고 하자. 그렇다면 K씨가 거주한 국가에서도 비과세가 적용되는가?

당연히 그렇지 않다. 비과세 여부는 상대국의 세법에 따라 좌우되기 때문이다. 물론 조세조약에서 양국에서 비과세를 적용한다고 할 수 있지만, 부동산소득은 조세조약에서 제외되는 것이 일반적이다.

Q5 K씨는 소득세 감면을 받기 위해 주택임대사업자등록을 신청할까 하는 생각이 들었다. 타당성이 있는가?

없다. 조특법 제96조(소형주택 임대사업자에 대한 세액감면)에서는 거주자에 대해서만 이 규정을 적용하기 때문이다.

☞ 주택임대사업자에 대해서는 취득세, 보유세, 임대소득세, 양도세 등에서 혜택이 있으므로, 이에 대해서는 제6장의 [절세 탐구]를 참조하기 바란다.

비거주자의
임대소득 과세구조

앞에서 본 것과 같이 비거주자가 국내에서 얻은 임대소득에 대해서는 종합과세하는 것이 원칙이다. 그렇다면 이 경우 종합소득세는 거주자와 동일하게 과세될까? 다음에서 이에 대해 알아보자.

1. 비거주자의 임대소득 과세구조

비거주자의 임대소득에 대한 과세구조는 다음과 같다. 이때 소득공제 등의 적용 범위 등에서는 거주자와 차이가 있다.

구분		거주자	비거주자
사업소득 금액		매출-비용	좌동
-소득공제	기본공제, 추가공제	적용	적용(본인에 한함)
	위 외 공제	적용	적용하지 않음.*
=과세표준			
×세율		6~45%	

구분	거주자	비거주자
-누진공제		
=산출세액		
-세액공제	자녀 세액공제 등 적용	적용하지 않음.*
=결정세액		

* 소득법 제122조에 따라 소득법 제51조 제3항에 따른 인적공제 중 비거주자 본인 외의 자에 대한 공제와 같은 법 제52조에 따른 특별소득공제, 같은 법 제59조의 2에 따른 자녀 세액공제 및 같은 법 제59조의 4에 따른 특별세액공제는 적용하지 않는다.

2. 적용 사례

K씨는 다음과 같은 부동산을 임대 중이다. 물음에 답해보자.

> **자료**
>
> • 상가임대수입 : 월 1,000만 원
> • 상가임대비용 : 월 400만 원(비거주자는 이의 2/4 수준)
> • 상가임대이익 : 연간 7,200만 원(비거주자 9,600만 원)
> • 종합소득공제 : 1,000만 원(비거주자는 150만 원)
> • 세액공제 : 200만 원(비거주자는 0원)

Q1) 종합소득세는 어떤 세금을 말하는가?

종합소득세는 종합소득(근로소득, 사업소득 등)에 대해 6~45%로 과세하는 제도를 말한다. 이 세금은 소득이 높아질수록 세금이 누진적으로 증가한다는 특징이 있다.

Q2 앞의 소득자가 국내 거주자 또는 비거주자라면 종합소득세 납부할 세액은?

구분		거주자	비거주자
사업소득 금액		7,200만 원	9,600만 원
-소득공제	기본공제, 추가공제	1,000만 원	150만 원
	위 외 공제		0원
=과세표준		6,200만 원	9,450만 원
×세율		24%	35%
-누진공제		576만 원	1,544만 원
=산출세액		912만 원	1,764만 원
-세액공제		200만 원	0원
=결정세액(납부할 세액)		712만 원	1,764만 원
지방세 포함 총납부할 세액		783만 원	1,940만 원

Q3 앞의 결과를 보고 총평을 한다면?

국내 거주자에 대해서는 소득공제와 세액공제가 폭넓게 적용되지만, 비거주자에 대해서는 본인에 대한 기본공제와 추가공제 정도만 적용된다. 한편 비거주자는 국내에서 발생시키는 비용 즉 복리후생비나 차량비 등이 거주자보다 적게 발생해 사업소득 금액(수입-비용)이 많이 나오는 것이 일반적이다. 이로 인해 국내에서 소득세가 많이 나올 가능성이 크다.

Q4 앞 사례의 K씨가 미국의 영주권자에 해당한다고 하자. 이 경우 미국 IRS(국세청)에 임대 사실 및 임대소득을 신고해야 하는가?

그렇다. 미국에 거주하는 영주권자 또는 시민권자 등은 전 세계에서 벌어들인 소득을 매년 4월 15일까지 IRS에 미국 내의 소득과 합산해 신고하도록 하고 있다. 다만, 국내 부동산을 소유하고 있는 경우라도 동 부동산에서 소득이 발생하지 않으면 부동산을 소유하고 있다는 사실을 IRS에 신고할 의무는 없다.

(Q5) K씨가 한국에서 낸 세금은 미국에서 공제받을 수 있는가?

한국에서 벌어들인 임대소득과 미국 등에서 발생하는 소득을 합산해서 미국의 세법에 따라 소득세가 과세된다. 이때 한국에서 낸 임대소득세(물론 환율로 환산이 될 것이다)를 미국에서 산출한 소득세에서 공제를 받을 수 있다. 물론 이때 공제되는 세액은 한국에서 납부한 세액 모두가 아니다. 미국에서 임대소득에서 발생한 세금이 100이라면 이 금액 한도 내에서 세액공제를 적용하는 것이 이치에 맞기 때문이다.

(Q6) 이 비거주자의 국내 임대소득 금액이 9,600만 원이고 한국에서 납부한 세액은 1,940만 원이라고 하자. 이 경우 미국에서는 어떤 식으로 임대소득세가 나올까?

이에 대해서는 챗GPT를 통해 알아보자.

📑 챗GPT 답변

미국의 거주자가 국내에서 임대소득을 발생시킨 경우, 해당 소득은 미국 세법에 따라 과세대상이 됩니다. 따라서 미국에서는 이 소득에 대해 세금을 납부해야 합니다. 이 과정에서 공제를 적용하는 방식은 다음과 같습니다.

1. 임대소득의 환산 : 임대소득이 9,600만 원이라고 가정하고, 이를 미국 달러로 환산합니다. 2024년 8월 기준으로 1 USD는 1,300 KRW 정도입니다. 따라서 9,600만 원은 약 7,384.6 USD입니다.

2. 미국의 세금 제도에 따르면, 기본공제를 적용해 소득세를 계산할 때, 미국 내의 소득세 기본공제액을 고려해야 합니다. 2024년 기준으로 미국의 기본공제액은 다음과 같습니다 :
   - 독신자 : 14,600 USD
   - 부부 공동 신고 : 29,200 USD

3. 임대소득이 7,384.6 USD로, 기본공제를 적용한 후 세금을 계산할 수 있습니다. 여기서는 독신자로 가정하고 계산하겠습니다.
   - 총 임대소득 : 7,384.6 USD
   - 기본공제 : 14,600 USD
   - 과세소득 : 7,384.6 USD-14,600 USD = -7,215.4 USD

4. 과세소득이 음수인 경우, 미국 내에서 세금을 납부할 필요가 없습니다. 즉, 기본 공제를 적용한 결과 과세소득이 0보다 작으므로, 해당 소득에 대해 세금을 납부 하지 않게 됩니다.

Tip **임대소득 국외 반출절차 등**

- 한국에서 임대소득 신고 및 세금 납부
- 한국의 은행 계좌 개설 및 필요서류 준비
- 환전 및 은행 또는 송금 서비스를 통해 미국으로 송금
- 미국에서 송금 수령 후 해외 소득으로 세금 신고 및 외국납부세액 공제 신청

제 **5** 장

비거주자의
부동산 양도절차

거주자와 비거주자의 양도절차

비거주자에 대한 양도세 계산과 신고 등에 관한 내용을 알아보기 전에 거주자와 비거주자의 양도에 관한 절차를 비교·정리해보자. 비거주자의 경우 양도세 계산과 신고도 중요하지만, 관할 세무서에 언제 경유하는지, 원천징수의무가 있는지, 등기이전은 어떻게 하는지 등도 알아야 하기 때문이다.

1. 거주자의 양도절차

국내 거주자는 국내에 주소나 1과세기간 내 183일 이상의 거소를 가진 개인을 말한다. 이러한 거주자에는 외국의 영주권자나 시민권자도 포함될 수 있으므로, 이 둘이 양도하는 경우 그 절차에서는 어떤 차이가 있는지 알아보자.

절차	일반 거주자	이외 거주자(영주권자 등)
계약체결		
▼		
잔금 수령	• 소유권이전등기 서류 제출 • 양도 말일~2개월 내 양도세 신고	• 좌동(거주자와 일부 차이) • 좌동
▼		
매각대금 국외 반출	–	예금 등 자금출처 확인서* 은행 제출
▼		
상대국 양도세 신고	–	• 상대국 양도세 신고 • 이중과세 조정

* 국외로 반출하기 위해서는 예금 등 자금출처 확인서가 필요하다. 만일 국내에 자금을 보유한 경우에는 상대국에서 정하는 기한까지 해외 금융계좌 신고를 이행해야 할 수도 있다.

국내 거주자의 경우 양도절차는 아주 단순하다. 자유롭게 계약을 체결하고 잔금을 받으면 양도가 확정된다. 이 과정에서 거주자가 준비해야 할 등기이전서류는 다음과 같다.

일반 거주자	영주권자 등 거주자
• 매매계약서 • 등기의무자의 권리에 관한 등기필증 또는 확인서 • 인감증명서 • 주민등록등본 • 토지 또는 건축물대장등본 • 위임장(대리인 신청 시)	• 매매계약서 • 등기의무자의 권리에 관한 등기필증 또는 확인서 • 인감증명서* • 주민등록등본** • 토지 또는 건축물대장등본 • 위임장(대리인 신청 시)***

* 국내에 주소를 가지지 않은 영주권자는 국내 최종주소지 또는 본적지를 관할하는 동사무소에 인감을 신고하고 인감증명을 발급받을 수 있다. 이 외에도 국내에 거소신고를 한 경우 관할 동사무소에 인감을 신고하고 인감증명을 발급받을 수 있다. 시민권자는 인감 대신 서명을 사용할 수 있으며, 이때 위임장이나 서면에 기재한 서명에 관해 본인이 직접 작성했다는 취지를 기재하고, 그에 대해 미국 관공서의 증명, 공증인의 공증, 또는 한국 대사관(영사관)의 확인을 받아 제출한다.

** 출입국관리사무소에 '국내거소신고'를 하고, 국내거소신고증을 발급받아 주민등록등본에 갈음해 사용할 수 있다. 또한, 영주권자는 한국 대사관(영사관)에서 발행한 재외국민 거주 사실 증명 또는 재외국민 등록부 등본을, 시민권자는 미국 관공서의 주소증명서 또는 거주 사실 증명서를 발급받아 이를 주민등록등본에 갈음해 사용할 수 있다.

*** 대리인에게 권한을 위임하고자 할 때는 위임장을 작성해서 대리인에게 교부해야 한다.

2. 비거주자의 양도절차

비거주자가 국내의 부동산을 양도하는 절차를 국내 일반 거주자와 비교해보자.

절차	일반 거주자	비거주자
계약체결		
▼		
잔금 수령	• 소유권이전등기 • 양도 말일~2개월 내 양도세 신고	• 좌동(거주자와 일부 차이) • 좌동
▼		
매각대금 국외 반출	–	예금 등 자금출처 확인서 은행 제출
▼		
상대국 양도세 신고	–	• 상대국 양도세 신고 • 이중과세 조정

비거주자는 국내 거주자처럼 잔금 지급과 동시에 소유권이전등기에 필요한 서류를 매수자에게 넘겨주면 된다. 앞의 영주권 등 비거주자와 관련된 내용을 참조하기 바란다.

☞ 실무적인 행정절차는 등기 전문가와 상의하기를 바란다.

거주자와 비거주자의 국내 양도세 신고절차

앞에서 본 거주자와 비거주자의 양도세 신고절차에 대해 알아보자. 거주자는 특별한 절차가 없으나 비거주자는 그렇지 않다.

1. 신고절차

거주자와 비거주자의 양도세 신고절차는 다음과 같이 정리된다.

구분	거주자	비거주자
계약금	-	
중도금	-	
잔금	양도일이 속하는 달의 말일로부터 2개월 내 양도세 신고	• 인감증명 발급 시 세무서 경유 • 잔금 지급 시 원천징수 • 양도세 신고

※ 양도, 서면 인터넷방문상담 5팀-72, 2006. 9. 12

부동산 매도용으로 인감증명을 발급받고자 하는 때에는 부동산 매수자란에 매수자의 성명·주소 및 주민등록번호를 기재해야 하고, 재외국민의 경우에는 소관 증명청의 소재지 또는 부동산 소재지를 관할하는 세무서장의 확인을 받아야 한다.*

* 재외국민의 인감증명서는 재외공관장(영사관)의 확인을 거쳐 소관 증명청의 소재지 또는 부동산 소재지 관할 세무서로부터 경유 확인서를 받아 최종적으로 해당 주민센터에서 발급한다.

2. 비거주자 양도소득 원천징수

비거주자의 부동산을 국내에서 취득한 경우 원천징수의무가 있다. 다만, 이는 제한적으로 법인에만 적용된다(소득법 제156조 제1항). 한편 원천징수는 대금을 청산할 때로 하며, 이때 계약금과 중도금을 지급하는 때도 잔금 청산일을 기준으로 한다. 한편 비거주자에 대한 원천징수세율은 다음과 같다.

---

5. 제119조 제9호에 따른 국내 원천 부동산 등 양도소득 : 지급금액의 100분의 10. 다만, 양도한 자산의 취득가액 및 양도비용이 확인되는 경우에는 그 지급금액의 100분의 10에 해당하는 금액과 그 자산의 양도차익의 100분의 20에 해당하는 금액 중 적은 금액으로 한다.

한편 소득법 제156조 제15항에서는 양도세를 미리 납부했거나 비과세 등을 받았다는 것을 증명하면 원천징수의무를 면제한다. 이때 '양도세 신고납부(비과세 또는 과세미달)확인 신청서'에 당해 부동산에 대한 등기부 등본·매매계약서를 첨부해 신청하고, 관할 세무서장의 확인을 받아 이를 원천징수의무자인 법인에 제출해야 한다(136페이지 서식 참조).

3. 적용 사례

사례를 통해 비거주자의 양도세 신고절차에 대해 알아보자. 다음 자료를 보고 물음에 답해보자.

자료

- K씨는 국내 비거주자에 해당함.
- 그는 다음과 같은 국내의 주택을 양도했음.
- 양도대상 : 5년 전에 취득한 주택
- K씨의 주소지 : 미국(단, 국내의 경우 부친의 집 주소에 등재되어 있으며 한국의 주민등록 번호는 그대로 있음)

Q1 K씨가 주택을 양도하면 양도세가 과세되는가?

그렇다. 비거주자로서 보유기간이 5년이 되었기 때문이다.

Q2 K씨가 양도한 경우 양도세 신고는 언제까지 해야 하는가?

국내 거주자처럼 양도일(잔금 청산일과 등기접수일 중 빠른 날)이 속한 달의 말일로부터 2개월 이내에 신고 및 납부해야 한다.

Q3 K씨는 양도세 신고를 부친의 주소지 관할 세무서에 하는 것인가?

원래 양도세는 주소지 관할 세무서가 납세지가 된다. 하지만 비거주자는 외국에 주소를 둔 경우가 대부분이므로 소득법 제6조 제2항 규정에 따라 국내 사업장이 있다면 그 소재지, 없다면 국내 소득이 발생하는 장소(양도자산 소재지)가 납세지가 된다.

Q4 K씨의 인적사항은 어떻게 기재해야 하는가?

외국에서 거주한 곳의 주소를 기입하며, 국내 주민등록번호가 말소되지 않고 외국 영주권 번호가 없는 경우는 국내 주민등록번호를 기재한다. 만일 주민등록번호가 말소된 경우에는 여권번호 등을 기재한다.

Q5 K씨로부터 매수한 자가 국내 거주자 또는 법인이라면 원천징수의무는?

거주자는 원천징수를 할 위치에 있지 아니하므로 이를 면제하는 한편, 법인은 원칙적으로 원천징수의무가 있다. 한편 원천징수의무는 양도자의 양도세 신고 및 납부를 한 사실이 증명되면 법인의 원천징수의무가 면제된다.

Q6 비거주자가 양도세 신고할 때 필요한 서식은?

양도세를 신고하는 경우 신고서 서식 및 첨부서류 등은 일반적으로 다음과 같다.

① 양도세 과세표준 신고 및 납부계산서
   (부표인 양도소득 금액계산내역서, 취득가액 필요경비계산 상세내역서 포함)
② 매매계약서 사본
③ 필요경비에 관한 증빙서류 사본

Q7 매각대금을 국외로 송금하려고 한다. 그 절차는?

재외동포가 미화 10만 달러를 초과해 국외로 반출 시 지정거래외국환은행 또는 최종주소지 담당세무서장으로부터 '예금 등 자금출처 확인서'를 발급받아야 한다. 이에 대한 자세한 내용은 이 장의 [절세 탐구]에서 살펴본다.

Q8 미국에 대한 양도세 신고 및 이중과세 조정은?

미국은 자국의 거주자에 대해서는 전 세계에서 벌어들인 소득에 대해서 양도세 납세의무를 지우고 있다. 양도세는 미국의 세법에 따라 과세되며, 이때 한국에서 납부한 양도세가 있다면 한도 내에서 세액공제를 적용한다.

돌발퀴즈

만일 한국에서 양도세 비과세를 받은 경우에도 미국에서 신고의무가 있는가?
그렇다. 이는 미국의 세법에 따라 진행되기 때문이다.

Tip 비거주자가 관할 세무서를 경유하는 경우

구분	세무서 경유	비고
인감증명 발급 시	재외국민이 부동산 매도용 인감증명서 발급 시	
법인 원천징수면제 시	비거주자의 양도소득세(신고납부·비과세·과세미달) 확인(신청)서 발급 시	
매각대금 국외 송금 시	부동산 매각자금 확인서 발급 시*	부동산 매각 후 5년 이내
	예금 등 자금출처 확인서 발급 시**	
해외 이주비 송금 시	해외 이주비 자금출처 확인서	해외 이주 시 송금 시 앞의 부동산 매각대금 확인서와 예금 등 자금출처 확인서를 동시에 요구할 수 있음.

* 재외동포, 외국인 거주자, 비거주자가 부동산 매각 후 5년 이내에 송금 시 부동산 매각자금 확인서가 필요하다. 부동산 소재지 또는 신청자의 최종주소지의 관할 세무서장이 발급한다.

** 예금 등 자금출처 확인서는 재외동포가 국내 원화 예금 등이 10만 달러를 초과하는 경우로서 송금 시 지정 거래 외국환 은행 소재지 또는 신청자의 최종주소지의 관할 세무서장이 발급한다.

[　] 신고납부
비거주자의 양도소득세 [　] 비과세　확인(신청)서
[　] 과세미달

※ 해당되는 [　]에 √표를 합니다.　　　　　　　　　　　　　　　　(앞쪽)

접수번호			접수일		처리기간 3일

양도자	① 성명		② 주민등록번호	
	③ 전화번호		④ 거주지국	
	⑤ 주소 또는 거소			

양수자	⑥ 성명(법인명)		⑦ 주민등록번호	
	⑧ 전화번호		⑨ 사업자등록번호	
	⑩ 주소 또는 소재지			

(단위 : 원)

양도 내용	⑪ 계약일자	⑫ 잔금일자	⑬ 양도대금	⑭ 종류	⑮ 물건(부동산) 소재지	⑯ 면적(㎡)

(단위 : 원)

양도 소득세 신고 (납부) 내역	⑰ 신고 일자	⑱ 양도 가액	⑲ 필요 경비	⑳ 양도 차익	㉑ 산출 세액	㉒ 자진 납부할 세액	㉓ 납부 세액	㉔ 납부 일자	㉕ 구분

　　소득령 제207조 제7항에 따라 비거주자의 양도소득에 대한 양도세 ([　] 신고납부, [　] 비과세, [　] 과세미달) 내용이 위와 같음을 확인해주시기 바랍니다.

년　　　월　　　일

신청인　　　　　(서명 또는 인)

세무서장　귀하

제출 서류	1. 양도소득과세표준 신고서 및 자진납부계산서와 그 첨부서류 사본 1부 2. 양도세 납부영수증 사본 1부 : 양도세 신고납부 확인신청의 경우만 해당 　 합니다. 3. 비과세 시 근거서류 사본 1부 : 양도세 비과세 확인신청의 경우만 해당합 　 니다.	수수료 없음

※ 위 확인서에 따라 양수인의 원천징수의무는 면제됩니다.

거주자와 비거주자의 양도세 과세구조 비교

양도절차와 양도세 신고절차에 대한 개념이 정리되었다면, 이제 양도세 과세방식에 대해 정확히 이해해보자. 물론 양도세는 과세구조를 먼저 이해하고, 그리고 과세방식인 비과세와 중과세와 감면 등의 순서로 살펴보는 것이 좋다.

1. 양도세 과세구조

(1) 거주자의 양도세 과세구조

먼저 국내 거주자에 대한 양도세 과세구조를 물건별로 정리하면 다음과 같다.

구분	주택·입주권	상가	토지
양도가액	실거래가 원칙	좌동	좌동
−취득가액	• 실거래가 원칙 • 이월과세 적용	• 좌동 • 좌동	• 좌동 • 좌동
=양도차익	특수관계 부당행위	좌동	좌동
−장기보유특별 공제	0~80%*	0~30%	좌동
=소득금액	×××	×××	×××
−기본공제	250만 원	좌동	좌동
=과세표준	×××	×××	×××
×세율	• 일반 : 60%, 70%, 6~45% • 중과 : 기본세율 +20~30%P	• 일반 : 50%, 40%, 6~45% • 중과 : 없음.	• 일반 : 50%, 40%, 6~45% • 중과 : 기본세율 +10%P
=산출세액	×××	×××	×××
−감면세액	조특법 적용	−	조특법 적용
=결정세액	×××	×××	×××

* 비거주자는 장기보유특별공제 중 보유기간과 거주기간에 따른 80% 특례공제는 받을 수 없다.

(2) 비거주자의 양도세 과세구조

비거주자의 양도세 계산구조도 국내 거주자와 같다. 다만, 1세대 1주택에 적용되는 80%의 장기보유특별공제의 혜택은 비거주자에게는 적용하지 않는다.

장기보유특별공제

구분	거주자	비거주자
일반 공제율(6~30%)	적용 ○	적용 ○
특례공제율(보유기간 40%+거주 기간 40%)	적용 ○	적용 X

2. 적용 사례

사례를 통해 앞의 내용을 확인해보자.

(Q1) K씨는 비거주자에 해당한다. 그는 1주택을 양도할 때 장기보유특별공제를 최대 얼마나 받을 수 있는가? 그는 국내에서 거주한 기간이 10년 이상 되었다.

양도일 현재 비거주자로 판정되면 국내 거주자에게 주어지는 장기보유특별공제 80%의 혜택은 주어지지 않는다. 따라서 이 경우 최대 30%의 공제 혜택이 주어진다.

(Q2) K씨는 국내에 2주택을 보유하고 있는데 모두 조정지역에 소재한다. 이 중 한 채를 양도하면 과세방식은?

국내 거주자의 경우 양도세 중과세가 적용되는데, 비거주자를 특별히 우대할 이유가 없어 이들에게도 중과세를 적용한다. 다만, 2년 보유한 주택은 2025년 5월 9일(물론 연장 가능 또는 영구적 폐지의 가능성도 열려 있다)까지 한시적으로 중과세를 적용하지 않는다.

(Q3) 비거주자에 대해서는 조특법상 양도세 감면을 국내 거주자와 똑같이 적용하는가?

아니다. 감면은 조세 혜택이 되므로 원칙적으로 국내 거주자에게 적용하는 것이 옳다. 하지만 조세정책의 효과를 극대화하기 위해 어떤 경우에는 비거주자에게도 감면을 허용하는 때도 있다.[*]

[*] 이에 대해서는 이 장의 마지막 본문을 참조하기 바란다.

주택 양도세 비과세 구조

비거주자가 국내에서 보유한 부동산과 관련해 가장 쟁점이 많이 발생하는 부분이 바로 주택의 양도세 비과세와 관련된 것이다. 비과세를 받기 위해서는 법에서 정하는 요건을 정확히 지켜야 하는데, 상황의 변화에 따라 이 요건을 판단하는 것이 힘들 수가 있기 때문이다. 다음에서 이에 대해 알아보자.

1. 주택 양도세 비과세의 구조

주택 양도세 비과세는 거주자에게 적용하며 이에 대한 자세한 내용은 소득법 제89조 및 시행령 제154조 등에서 자세히 정하고 있다. 일단 양도세 비과세의 구조를 먼저 살펴보면 다음과 같다.

구분	규정	비고
소득법 제89조 제1항	제3호 • 가목 : 1세대 1주택* • 나목 : 1세대 1주택의 특례	• 1주택 보유한 경우 비과세 • 2주택 이상 보유한 경우 비과세 특례
	제4호 : 입주권 비과세 • 가목 : 1입주권만 보유한 경우 • 나목 : 입주권 외 주택을 보유한 경우 ☞ 입주권에 대한 비과세는 위 2가지 　유형밖에 없다.	• 관리처분일(철거일) 기준 2년 보유 • 3년 내 입주권 처분 등
제2항	주택과 입주권(또는 분양권) 소유한 경우의 1세대 1주택의 특례	• 위 3호와 유사하게 적용됨.
제3항	대통령령 위임규정	소득령 1. 제154조[1세대 1주택의 범위]** 2. 제155조[1세대 1주택의 특례] 3. 제155조의 2[장기저당담보주택에 대한 1세대 1주택의 특례] 4. 제155조의 3[상생임대주택에 대한 1세대 1주택의 특례] 5. 제156조[고가주택의 범위] 6. 제156조의 2[주택과 조합원입주권을 소유한 경우 1세대 1주택의 특례] 7. 제156조의 3[주택과 분양권을 소유한 경우 1세대 1주택의 특례(2021. 2. 17 신설)]

* 해외 출국에 따른 비과세 규정은 소득법 제89조 제1항 제3호 가목과 관련이 있다.

** 해외 출국에 따른 자세한 비과세 규정은 소득령 제155조 제1항에서 정하고 있다.

2. 1세대 1주택 비과세의 요건

국내의 거주자가 '양도일 현재' 1세대가 12억 원 이하의 1주택을 보유한 상태에서 일정한 요건을 충족한 경우 비과세를 적용한다. 여기서 일정한 요건은 다음과 같다.

(1) 원칙

양도일 현재

- 2년 이상 보유할 것
- 2년 이상 거주(취득 당시 조정지역*에 한함)할 것

  * 2024년 12월 현재 서울 강남·서초·송파·용산구 4곳만 지정되어 있다.

(2) 예외

위 보유 및 거주기간을 적용하지 않는 경우는 다음과 같다. 해외 출국의 경우 이 규정을 적용받는다.

구분	2년 보유기간	2년 거주기간
1. 민간건설임대주택 임차일~양도일 거주기간이 5년 이상인 경우	적용하지 않음.	
2. 주택이 수용된 경우		
3. 해외이주법에 따른 해외 이주로 출국하는 경우*	적용하지 않음(단, 출국일 현재 1주택을 보유하고 있는 경우로서 출국일부터 2년 이내에 양도하는 경우에 한함).	
4. 1년 이상 국외 거주(취학, 근무상 형편 등)를 위해 출국하는 경우*		
5. 1년 이상 거주 중 부득이한 사유(취학. 근무상. 질병 등)가 발생한 경우	적용하지 않음.	
6. 매매계약 체결 후 조정지역으로 지정 고시된 경우(무주택자)	적용함.	적용하지 않음.
7. 상생 임대차계약의 경우(2021. 12. 20~2026. 12. 31 계약분)		

* 해외 출국에 따른 비과세 규정에 해당한다.

3. 해외 출국 시 1세대 1주택 비과세 요건분석

해외이주법이나 1년 이상 근무상 형편 등으로 해외 출국을 하면서 주택을 양도하는 경우에는 다음과 같이 비과세를 적용한다. 이 경우 2년 보유 및 2년 거주요건은 적용하지 않는다. 다만, 출국시점에 1주택 보유 및 출국일로부터 2년 이내 양도하는 조건이 따로 있다. 참고로 이러한 요건은 일반 거주자와는 다르게 적용되는 특칙에 해당한다.

(1) 해외이주법에 따른 해외 이주로 세대 전원이 출국하는 경우

출국일* 현재 1주택을 보유하고 있는 경우로서 출국일부터 2년 이내에 양도할 것

* 해외이주법에 따른 현지 이주의 경우에는 영주권 등을 취득한 날이 된다. 이때 전 세대원 모두가 취득이 완료된 날을 기준으로 2년을 산정한다.

(2) 1년 이상 계속해서 국외 거주해야 하는 취학 또는 근무상의 형편으로 세대 전원이 출국하는 경우

출국일 현재 1주택을 보유하고 있는 경우로서 출국일부터 2년 이내에 양도할 것

4. 적용 사례

사례를 통해 앞의 내용을 알아보자.

Q1 K씨는 해외이주법에 따라 해외 출국을 했다. 이 경우 거주자인가? 비거주자인가?

해외이주법에 따라 출국 시 출국일 다음 날부터 비거주자가 된다.

Q2 K씨는 출국일로부터 2년 이내에 1주택을 양도하는 것으로 계획을 세우고 일단 출국했다. 이 경우 K씨는 비거주자가 된 상태에서 주택을 양도하는 것이 되는데 왜 비과세를 적용하는가?

원래 양도세 비과세 판정은 양도일, 즉 잔금 청산일과 등기접수일 중 빠른 날을 기준으로 한다. 그런데 출국의 경우 '출국일' 현재로 그 시점을 앞당겨 비과세 판단을 하고 있다. 이는 해외 이주에 따른 급박한 사정 등을 고려한 조치에 해당한다.

☞ 해외 출국에 따른 양도세 비과세 규정은 '출국일* 현재'의 국내 거주자만 적용된다. 즉, 비거주자 상태에서 취득 후 이를 양도하면 이 규정이 적용되지 않는다.

* 영주권 등을 출국 후에 취득하면 취득한 날이 출국일이 된다는 점도 알아두자.

Q3 L씨는 5년 정도의 국외 파견근무를 하기 위해 가족과 함께 해외 출국을 했다. 물론 향후 근무를 마치고 귀국할 예정이다. 그는 귀국 후에 해당 주택을 양도하려고 한다. 이 경우 비과세 적용받는 데 문제가 없는가?

그렇다. 거주자가 되기 때문이다. 물론 이때 보유기간 등은 거주자로서의 보유기간 등을 합산한다.

해외이주법에 따른 해외 이주와 비과세

해외 출국에 따른 비과세 유형은 앞에서 본 두 가지가 있다. 하나는 해외이주법에 따른 출국이고, 다른 하나는 근무 등의 이유로 1년 이상 국외 이주를 위해 출국하는 경우다. 그런데 이 규정을 적용하면서 몇 가지 주의해야 할 내용이 있다. 먼저 전자에 대해 분석을 해보고 후자에 대해서는 뒤이어 살펴보자. 비과세를 받기 위한 전략 등은 다음 장에서 살펴본다. 참고로 앞에서 본 두 가지 사유 외에는 이 규정에 따른 비과세가 적용되지 않는다.

1. 해외이주법에 따른 해외 이주와 비과세 규정

소득령 제154조 제1항 제3호 나목에서는 다음과 같이 해외이주법에 따른 해외 이주 시 비과세 요건을 규정하고 있다.

> 나. 해외이주법에 따른 해외 이주로 세대 전원이 출국하는 경우. 다만, 출국일 현재 1주택을 보유하고 있는 경우로서 출국일부터 2년 이내에 양도하는 경우에 한한다.

여기에서 점검해야 할 핵심은 다음과 같다.

- 해외이주법에 따른 해외 이주의 범위는?
- 세대 전원이 출국하지 못한 경우에도 비과세가 적용되는가?
- 1주택에는 분양권과 입주권이 포함되는가?
- 출국일은 국외로 출국한 날을 의미하는가?

2. 해외이주법에 따른 비과세 요건

(1) 해외이주법에 따른 해외 이주의 범위

해외이주법 제4조에서는 해외 이주의 종류를 다음과 같이 정하고 있다.

※ 해외이주법 제4조(해외 이주의 종류)

이 법에 따른 해외 이주의 종류는 다음 각호와 같이 구분한다.

1. 연고 이주 : 혼인·약혼 또는 친족 관계를 기초로 하여 이주하는 것
2. 무연고 이주 : 외국기업과의 고용계약에 따른 취업 이주, 제10조 제3항에 따른 해외 이주알선업자가 이주대상국의 정부 기관·이주 알선기관 또는 사업주와의 계약에 따르거나 이주대상국 정부 기관의 허가를 받아 행하는 사업 이주 등 제1호 및 제3호 외의 사유로 이주하는 것
3. 현지 이주 : 해외 이주 외의 목적으로 출국하여 영주권 또는 그에 따르는 장기체류 자격을 취득한 사람의 이주*

   * 현지 이주란 해외 이주 외의 목적으로 출국해 영주권 또는 그에 준하는 장기체류 자격을 취득하고 이에 근거해 거주 여권을 발급받은 사람의 이주를 말한다.

(2) 세대 전원이 출국하지 못한 경우 비과세 적용 여부

해외 출국에 따른 비과세는 '세대 전원'이 출국을 해야 한다. 따라서 세대원 일부가 남아 있다면 그 세대원이 출국한 시점부터 2년 이내에

양도해야 비과세가 적용된다(재산-2014, 2008. 7. 31). 다만, 다음과 같은 해석이 있음도 알아두면 좋을 것으로 보인다.

※ 서면 4팀-1751(2006. 6. 15)

> [제목]
> 동일세대원 중 일부가 해외 출국하지 않는 경우 비과세 특례적용 여부
> [요약]
> 세대원 중 별도로 1세대를 구성할 수 있는 자가 함께 출국하지 아니할 때도 세대 전원이 출국한 것으로 보는 것임.

1. 1주택을 소유한 1세대가 해외이주법에 따른 국외 이주로 세대 전원이 출국함으로써 비거주자가 된 상태에서 출국일로부터 2년 이내에 당해 주택을 양도하는 경우로서 양도일 현재 다른 주택의 소유 사실이 없는 경우에는 소득령 제154조 제1항 단서의 규정에 따라 보유기간 및 거주기간에 제한 없이 1세대 1주택으로 봐서 양도세를 비과세하는 것임.
2. 위 1.에서 '세대 전원이 출국하는 경우'라 함은 거주자 및 그 배우자가 그들과 동일한 주소 또는 거소에서 생계를 같이 하는 가족과 함께 구성하는 세대 전원이 출국하는 것을 말하는 것이며, 세대원 중 소득령 제154조 제2항*의 규정에 따라 별도로 1세대를 구성할 수 있는 자가 함께 출국하지 아니할 때도 세대 전원이 출국한 것으로 보는 것이나, 귀 사례가 이에 해당하는지에 대해서는 관련 사실을 종합해 판단할 사항임.
   * 개정 전의 내용으로 30세 미만자가 독립적인 생계를 꾸릴 수 있는 경우(30세 이상인 경우, 기준 중위소득 40% 이상 등의 요건을 충족한 경우 등)를 말한다.

(3) 1주택에 분양권과 입주권이 포함되는지의 여부

해외 출국 세대에 비과세를 해주는 이유는 해외 이민에 따른 상대국에서의 정착을 지원하는 취지가 있다. 다만, 이 규정이 남용되지 않도록 엄격한 잣대를 적용하고 있다. 이에 따라 '1주택'과 관련해서는 다음과 같은 내용에 유의해야 한다.

① 주택수를 산정하는 경우

출국일 현재 반드시 1주택을 보유하고 있어야 한다. 따라서 만일 이때 일반 거주자처럼 상속이나 혼인, 동거봉양 등에 따른 2주택 이상을 보유하고 있다면 비과세가 적용되지 않는다. 또한, 1주택 외에 주거용 오피스텔, 분양권(2021년 이후 취득분), 입주권을 보유하고 있어도 주택수가 2주택 이상이 되어 이 규정에 따른 비과세가 적용되지 않는다.

② 입주권 또는 분양권만 보유한 경우

입주권과 분양권은 주택이 아닌 부동산을 취득할 수 있는 권리에 해당한다. 따라서 이에 대해서는 향후 주택이 완공되더라도 해외 출국에 따른 비과세를 적용할 이유가 없다(조심 2019전 2185, 2020. 1. 9, 조심 2020인 0490, 2021. 4. 5 등). 다만, 출국 전에는 주택이었지만 출국 이후에 입주권으로 변환된 것은 예외적으로 비과세가 가능하다. 다음의 해석을 참조하기 바란다.

※ 서면 5팀-627, 2008. 3. 24

1세대가 출국일 현재 1주택을 보유하고 있는 경우로서 해외이주법에 따른 해외 이주 또는 1년 이상 계속해 국외 거주해야 하는 근무상의 형편으로 세대 전원이 출국한 이후에 당해 주택이 재개발·재건축사업으로 인해 멸실된 상태에서 입주권으로 양도하거나 재건축주택이 완성되어 그 주택을 양도하는 경우에는 소득령 제154조 제1항 제2호의 규정에 따라 양도세가 과세되지 아니하는 것이나, 출국일 이전에 당해 주택이 재개발·재건축사업으로 인해 멸실된 상태에서 출국일 이후에 당해 자산을 양도하는 경우에는 양도세가 과세되는 것임.

(4) 출국일은 국외로 출국한 날을 의미하는지? 아닌지?

출국일은 전 세대원이 국내의 영토를 벗어난 날을 의미한다. 다만, 이런저런 사유로 외국에 나갔다가 영주권 등을 취득한 때도 있는데, 이 경우에는 현지 이주에 해당하므로 영주권 등을 취득한 날이 출국한 날이 된다.

※ 해외이주법에 따른 이주 시 출국일(소득세 집행기준 89-154-43)

구분	해외이주법에 따른 이주 시 출국일	확인 서류
연고·무연고 이주	전 세대원이 출국한 날	해외 이주신고서
현지 이주*	전 세대원이 영주권 또는 그에 따르는 장기체류 자격을 취득한 날(2009. 4. 14 이후 양도분부터 적용)	현지 이주확인서 또는 거주 여권 사본

* 예를 들어 해외 이주 외의 목적으로 출국해 비거주자가 된 후, 영주권을 취득해 해외이주법에 따른 현지 이주에 해당하면 세대 전원이 영주권을 취득한 날을 출국일로 봐서 비과세 규정을 적용한다(부동산 거래관리과-1539, 2010. 12. 30).

3. 적용 사례

사례를 통해 앞의 내용을 확인해보자. 다음 자료를 보고 물음에 답해보자.

> **자료**
> • K씨는 해외 이주를 준비하고 있음.
> • K씨의 가족 구성원은 부부와 자녀 2명임.
> • K씨의 자녀 중 1명(21세)은 현재 한국 내에서 군 복무 중임.
> • K씨는 현재 1세대 1주택을 보유 중임(1년 보유).

Q1 해외이주법에 따른 1세대 1주택 비과세는 어느 날을 기준으로 2년 이내에 양도해야 하는가?

전 세대원의 출국일이다. 이때 출국일은 해외 이주 목적으로 '세대 전원이 출국한 날'을 말하는 것으로서, 이는 세대원의 출입국 내역 등을 확인해 관할 세무서장이 사실 판단할 사항이다(재산-3686, 2008. 11. 7).

(Q2) 군 복무 중인 자녀는 군 복무가 끝나지 않는 이상 출국을 할 수 없다. 이 경우 부득이한 사유로 봐서 전 세대원이 출국한 것으로 봐줄 수는 없는가?

아니다. 심판례 등에서는 국내에 1주택을 소유한 거주자의 동일세대 원인 자녀가 군 복무 관계로 출국하지 못할 때도 다른 세대원 전부가 출국한 경우 전 세대원이 출국한 것으로 본다(국심 2006서 2627, 2006. 12. 27, 국세청 서면 4팀-584, 2006. 3. 15 등).

※ 대학 재학 또는 입영으로 출국하지 않은 경우 세대 전원이 출국하는 것으로 봐야 할까?

소득법 시행규칙 제71조 제2항 제1호 및 제2호의 규정을 적용함에 있어서 세대원 중 일부가 학업을 이유로 출국하지 아니한 경우에는 세대 전원이 출국하지 않은 것으로 보는 것이나, 병역의 의무를 다하기 위해 군대 입영을 함으로써 출국하지 않은 경우에는 세대 전원이 출국한 것으로 보는 것임(서면 4팀-2105, 2004. 12. 24).

(Q3) 양도세 신고 시 어떤 서류를 첨부해야 하는가?

현지 이주에 따른 1세대 1주택 비과세 적용을 받고자 할 때는, 소득 칙 제71조 제4항 제3호 규정에 의거, 비과세 신고서에 현지 이주확인 서 또는 거주 여권 사본을 첨부해 제출한다.

(Q4) 영주권자 또는 시민권자가 한국에서 부동산을 양도하는 경우 한국 또는 미국에서 세금은 어떻게 되는가? 부동산 양도대금을 미국으로 가지고 오는 방법은 어떻게 되는가?

이를 절차로 알아보면 다음과 같다.

첫째, 부동산 권리 이전

영주권자가 한국에서 부동산을 양도할 때, 권리 이전을 위해 양수자에게 인감증명을 교부해야 한다. 인감증명을 신청할 때 관할 세무서를 경유한다.

둘째, 한국에서 양도세 신고 및 납부

셋째, 양도대금 해외 반출절차

부동산 양도대금을 해외로 반출하려면 거래 외국환 은행을 지정하고 다음 서류의 제출한다.

- 재외동포 재산반출 신청서
- 부동산 매매계약서
- 세무서장이 발급한 부동산 매각자금 확인서(확인서 신청일이 양도일로부터 5년 이내인 경우)*

 * 시민권자는 인감경유를 할 필요가 없으나, 부동산 양도대금을 해외로 반출할 때 세무서장이 발급하는 부동산 매각자금 확인서가 필요하므로 부동산 소재지 관할 세무서를 경유해야 한다.

넷째, 미국에서 양도세 신고 및 이중과세 조정

Tip 출국 전 주택양도 시 비과세 적용 여부

1. 해외 이주신고 확인서 교부받은 후 주택을 양도하는 경우

해외이주법 제6조의 규정에 따른 해외 이주신고를 하고 같은 법 시행령 제5조의 규정에 따른 해외 이주신고 확인서를 교부받은 경우로서 그 해외 이주신고 확인서의 발행일로부터 1년 이내*에 세대 전원이 출국하면서 출국 전에 다른 주택을 취득하지 아니할 것을 조건으로 해당 주택을 양도해도 1주택을 소유하고 비거주자가 된 상태에서 양도하는 것으로 봐서 위의 규정에 따라 양도소득세 비과세를 받을 수 있는 것임(재일 46014 - 2152, 1997. 9. 10).

* 해외이주법 시행령 제5조 제3항에서는 해외 이주신고 확인서의 유효기간이 1년으로 되어 있었으나, 2024년 4월 23일에 삭제되었다. 따라서 이 유권해석이 현재에도 유효한지에 대해서는 별도로 확인을 해야 할 것으로 보인다.

2. 세대 전원이 출국하기 전에 주택을 양도하는 경우

1년 이상 계속해서 국외 거주해야 하는 취학 또는 근무상의 형편으로 세대 전원이 출국하기 전에 국내에 보유하고 있는 1주택을 양도하는 경우에는 소득령 제154조 제1항 제2호 다목이 적용되지 않는 것임(기획재정부 재산세제과-995, 2009. 6. 8, 부동산 거래관리과-90, 2010. 1. 19).*

* 이때에는 거주자로서 일반 비과세 규정이 적용되는지를 확인하면 될 것으로 보인다.

1년 이상 국외 거주에 의한 출국과 비과세

해외 출국으로 인한 1세대 1주택 비과세 유형 중 두 번째인 국외 거주로의 출국에 따른 비과세제도에 대해 알아보자. 이 비과세는 해외이주법에 따른 출국이 아니라, 취학과 근무상의 형편으로 세대 전원이 출국하는 경우를 말한다. 이때 1년 이상의 국외 생활이 필요함을 전제로 한다.

1. 국외 거주에 의한 출국과 비과세 규정

소득령 제154조 제1항 제3호 다목에서는 다음과 같이 국외 거주에 따라 세대 전원이 출국하는 경우 이에 대한 비과세 요건을 규정하고 있다.

> 다. 1년 이상 계속하여 국외 거주해야 하는 취학 또는 근무상의 형편으로 세대 전원이 출국하는 경우. 다만, 출국일 현재 1주택을 보유하고 있는 경우로서 출국일부터 2년 이내에 양도하는 경우에 한한다.

여기에서 점검해야 할 핵심은 다음과 같다.

- 초등학생이나 중학생도 취학의 개념에 해당하는가?
- 근무상 형편은 해외 주재원으로 파견되는 것을 말하는가?
- 근무상의 형편에 사업상 형편은 포함하지 않는가?
- 세대 전원이 출국하지 못한 경우에도 비과세가 적용되는가?
- 1주택에는 분양권과 입주권이 포함되는가?
- 출국일은 국외로 출국한 날을 의미하는가?

2. 국외 거주에 의한 출국과 비과세 요건

(1) 취학의 범위

비과세가 적용되는 취학의 범위에서 초등학생이나 중학생은 제외한다. 따라서 적어도 고등학교 이상의 취학으로 국외 이주 시 비과세 규정이 적용된다. 참고로 이에 대한 입증서류에는 재학증명서 등이 있다.

※ 관련 집행기준 등
- 1년 이상 국외 거주해야 하는 사유에 해당하지 않는 경우(소득세 집행기준 89-154-35)
  사업상 형편 또는 유치원·초등학교와 중학교 취학으로 인해 출국하는 경우 1년 이상 계속해서 국외 거주해야 하는 사유에 해당하지 않는다.
- 취학의 사유에 따라 출국했으나 국외 취업한 경우
  취학의 사유에 따라 출국했으나 국외에서 취업하여 거주하면서 국내의 주택을 양도하는 경우에는 근무 등 국외 거주의 '비과세 특례'를 적용받을 수 없다(서면 4팀-1476, 2004. 9. 21).
- 입학 전 어학연수 기간이 취학 기간에 포함되는지 여부
  집약적 법률 영어 연수 프로그램은 부득이한 사유(국외 거주)의 '취학'에 해당하지 않는다(서면 5팀-1400, 2007. 4. 30).

(2) 근무상의 형편

근무상 형편은 국내의 기업체나 관공서, 학교 등에서 재직 중에 외국으로 발령을 받거나 직무와 관련된 연구나 유학 등을 위해 출국하는 것을 말한다. 이와 관련해 몇 가지 주의할 것이 있다.

- 근무상 형편은 기업체나 관공서 등의 재직 중에 1년 이상 국외 이주를 위해 세대 전원이 출국하는 경우를 말한다.
- 국내 기업의 국외 사업장 또는 해외 현지법인(내국법인이 발행주식 총수의 100분의 100을 직접 또는 간접 출자한 경우에 한정한다) 등에 파견된 임원 또는 직원(해외 주재원)이나 국외에서 근무하는 공무원은 거주자로 본다.
- 내국법인이 100% 미만 출자한 현지법인에 파견된 임직원은 가족 관계, 자산상태 등의 요소로 거주자 판단을 한다.
- 사업상 형편은 제외된다.

근무상 형편으로 출국 시 거주자 판단

구분		거주자 판단
국외 파견공무원		거주자
국외 사업장 파견 임직원		거주자
국내 법인의 현지 법인출자	100%	거주자
	100% 미만	거주자(단, 가족관계 등으로 종합적인 판단)

3. 적용 사례 1(취학)

사례를 통해 앞의 내용을 알아보자. 먼저 취득 사유에 의해 출국하는 경우를 보자.

- K씨는 초등학생 자녀의 외국학교 입학을 위해 출국을 준비 중임.
- 현재 1세대 1주택을 보유 중임.

Q1 K씨를 비롯한 세대 전원이 출국한 상태에서 주택을 2년 내 양도하면 비과세를 받을 수 있을까?

아닐 가능성이 크다. 초등학교와 중학교는 취학의 사유에 해당하지 않기 때문이다. 따라서 이 경우 비거주자에 해당해 과세될 가능성이 크다. 따라서 이러한 상황이라면 출국 전에 거주자로서 비과세를 받거나 향후 귀국해 거주자 상태에서 비과세를 받는 것이 좋을 것으로 보인다.

Q2 K씨와 초등학생 자녀만 출국하고 K씨의 배우자와 나머지 가족은 국내에 거주하는 경우 거주자인가? 비거주자인가?

이 경우에는 국내에 자산상태, 가족관계 등을 고려해 최종 판정을 내려야 할 것으로 보인다. 이 경우 거주자로 볼 가능성이 커보인다.

Q3 K씨를 비롯한 모든 가족이 초등학생 자녀의 학업을 위해 출국을 했다. 이 경우 이들은 거주자인가? 비거주자인가?

이런 상황에서는 무조건 비거주자로 판단하지 않아야 한다. 국내에 자산 등이 있고 향후 학업을 마친 후 귀국할 것으로 인정되면 국내 거주자에 해당할 수 있기 때문이다.

이에 대해 챗GPT는 어떤 식으로 답변하는지 다음을 참조해보자.

K씨를 포함한 가족이 초등학생 자녀의 학업을 위해 출국한 경우, 그들의 거주자 여부는 여러 요소를 고려해 판단할 수 있습니다. 다음은 비거주자 판단에 도움이 되는 기준입니다.

1. 체류기간

가족이 해외로 출국해 장기간(일반적으로 6개월 이상) 체류할 계획이라면 비거주자로 간주할 수 있습니다. 그러나 단기 체류나 임시 출국인 경우에는 비거주자로 판단되지 않을 수 있습니다.

2. 주거지 및 생활 중심지

가족이 해외에서 장기간 거주하면서 한국에서의 주거지와 생활 중심지가 해외로 이동한 경우, 비거주자로 분류될 가능성이 큽니다. 반대로, 한국에 여전히 주거지와 주요 생활 거점이 남아 있는 경우 비거주자로 간주하지 않을 수 있습니다.

3. 복귀 계획

유학 기간이 끝난 후 한국으로 복귀할 계획이 명확한 경우, 이들은 일시적인 비거주자로 간주할 수 있습니다. 복귀 계획이 확실하고, 해외 체류가 일시적이라면 비거주자 기준이 덜 엄격할 수 있습니다.

4. 경제적, 사회적 연고

한국에 경제적 연고(예 : 소득, 자산, 사업 등)와 사회적 연고(예 : 가족, 사회적 활동 등)가 남아 있는 경우, 비거주자로 판단되지 않을 가능성이 있습니다.

결론적으로, K씨와 그 가족이 초등학생 자녀의 학업을 위해 장기간 해외로 출국해 생활의 중심이 해외로 이동한 경우, 이들은 비거주자로 분류될 가능성이 큽니다. 그러나 복귀 계획이 확실하고 한국에 여전히 일정한 경제적, 사회적 연고가 남아 있다면, 비거주자로 간주하더라도 일시적인 경우일 수 있습니다.*

* 과세관청의 판단이 중요함을 다시 한번 알 수 있다.

4. 적용 사례 2(근무상 형편-국외 사업장)

다음으로 국내 기업의 해외사업장에 파견된 경우로써 근무상 형편에 의해 출국하는 경우를 보자.

자료

• L씨는 대기업 해외현장 발령으로 가족과 함께 해외에 근무 중임(출국 후 1년째 근무 중).

• 출국일 현재 1세대 1주택을 보유함.

• 이 주택은 2018년 9월에 서울에서 취득한 것으로 2년 거주요건을 충족하지 못해 1세대 1주택 비과세를 받을 수 없음.

Q1 L씨는 소득령 제3조에 따라 내국법인의 국외 사업장에 근무하므로 국내 거주자에 해당한다. 그렇다면 이 주택을 양도하면 소득령 제154조 제1항 본문(2년 보유 및 2년 거주)에 따른 비과세를 받을 수 있는가?

아니다. 거주요건을 충족하지 않아 비과세를 적용받을 수 없기 때문이다.

☞ 파견된 임원 또는 직원으로서 생계를 같이 하는 가족이나 자산상태로 봐서 파견 기간의 종료 후 재입국할 것으로 인정되는 때에는 파견 기간이나 외국의 국적 또는 영주권의 취득과 관계없이 거주자로 본다.

Q2 Q 1처럼 거주요건을 충족하지 못해 원칙적인 요건에 의한 비과세를 받을 수 없다면 소득령 제154조 제1항 제2호 다목에 따른 1년 이상 국외 거주해야 하는 근무상 형편으로 세대 전원이 출국한 상황에 해당해 출국일로부터 2년 내 양도 시 비과세를 받을 수 있는가?

가능하다. 따라서 이는 근무상 형편으로 출국하는 상황에 해당하기 때문이다.

Q3 앞의 물음과는 달리 해외 근무를 10년간 한 후 국내에 들어와 2년 거주한 후 양도하면 비과세가 가능한가?

당연하다. 거주자로서 2년 거주요건을 채웠기 때문이다. 참고로 거주요건이 없는 경우에는 해외 주재원으로 장기근무 중에 양도해도 국내 거주자로서 비과세를 받을 수 있다.

5. 적용 사례 3(근무상 형편-해외 현지법인)

L씨는 해외 현지법인에 근무 중이다. 다음 물음에 답해보자.

Q1 이 해외 현지법인은 국내 법인이 100% 출자한 법인이다. 이 경우 L씨는 국내 거주자인가?

그렇다. 이 경우 가족들과 함께 외국에 함께 거주한 때도 거주자로 본다. 참고로 국내 법인의 국외 사업장 또는 국내 법인이 100% 전액 출자한 해외 현지법인에 파견된 직원은 해외 체재 기간에도 불구하고 소득령 제3조에 따라 국내 거주자에 해당한다.

Q2 이 해외 현지법인은 국내 법인이 60% 출자한 법인이다. 이 경우 L씨는 국내 비거주자인가?

아니다. 이 경우에도 국내에 주소, 가족, 자산, 직업 등 항구적 주거지가 국내에 있어 향후 해외 근무 종료 후 국내로 다시 돌아와 회사에 복귀해서 근무하고 국내에 거주할 것이라면 비거주자로 보지 않기 때문이다. 물론 과세관청이 출국 목적 등을 종합해 사실 판단해야 하는 사항이다.

☞ 100% 출자의 경우에는 기계적으로 거주자로 판정하나, 60% 등은 종합적인 판단을 통해 결론을 도출한다는 차이가 있다.

Q3 그렇다면 Q 2에서 L씨는 어떤 조건으로 비거주자가 되는가?

다시 국내에 입국해 주로 국내에서 거주할 것으로 인정되지 아니할 때 비거주자로 본다. 물론 국외에 통상적으로 1년 이상 계속해 있을 직업을 얻어 출국하거나 외국법령에 따른 국적, 영주권을 취득한 자가 국내에 주소, 거소, 생계를 같이하는 가족 및 자산, 직업 등이 국내에 없는 등 객관적 사실에 기초해 판단을 내릴 것이다.

Q4 L씨는 파견국의 거주자가 될 수 있는가? 이렇게 되면 이중거주자가 되는데 어떤 식으로 이를 조정해야 하는가?

양국 거주자면 조세조약에 따른 거주자 순서에 따라 사실 판단한다. 이에 대해서는 제2장에서 살펴봤다.

해외 출국으로 인한 고가주택의 양도와 비과세

국내 거주자가 해외 출국을 하면서 2년 내 양도하는 주택은 1세대 1주택 비과세를 받을 수 있다. 그런데 해당 주택이 고가주택이면 전체 양도차익 중 일부에 대해서는 양도세가 과세된다. 그렇다면 일반적인 1세대 1주택자와 차이가 없을까? 다음에서 이에 대해 알아보자.

1. 비과세 고가주택에 대한 과세방식

구분	거주자	비거주자
양도가액	실지 거래가	좌동
−취득가액	실지 거래가(환산취득가)	좌동
=양도차익	×××	×××
−비과세 양도차익	양도차익×(12억 원/양도가액)	좌동
=과세 양도차익	×××	×××
−장기보유특별공제	• 거주기간 : 40% • 보유기간 : 40%	6~30%*
	조특법상 특례 : 40~70%	40% 가능 (조특법 제97조의 4)

구분	거주자	비거주자
=소득금액	×××	×××
−기본공제	250만 원	좌동
=과세표준	×××	×××
×세율	6~45%	좌동
=산출세액	×××	×××

2. 적용 사례

사례를 통해 앞의 내용을 확인해보자. 다음 자료를 보고 물음에 답해
보자.

> **자료**
>
> • 양도가액 : 20억 원
> • 취득가액 : 10억 원
> • 보유기간 : 10년
> • 거주기간 : 10년

(Q1) 거주자인 경우 양도세는 얼마나 되는가?

구분	금액	비고
양도가액	20억 원	
−취득가액	10억 원	
=양도차익	10억 원	
−비과세 양도차익	6억 원	10억 원×(12억 원/20억 원)
=과세 양도차익	4억 원	
−장기보유특별공제	3억 2,000만 원	4억 원×80%

구분	금액	비고
=소득금액	8,000만 원	
-기본공제	250만 원	
=과세표준	7,750만 원	
×세율	24%	
-누진공제	576만 원	
=산출세액	1,284만 원	지방소득세(10%) 별도

(Q2) 비거주자인 경우 양도세는 얼마나 되는가? 비거주자는 비과세를 받을 수 없다고 하자.

구분	금액	비고
양도가액	20억 원	
-취득가액	10억 원	
=양도차익	10억 원	
-비과세 양도차익	0원	
=과세 양도차익	10억 원	
-장기보유특별공제	2억 원	10억 원×20%
=소득금액	8억 원	
-기본공제	250만 원	
=과세표준	7억 9,750만 원	
×세율	42%	
-누진공제	3,594만 원	
=산출세액	2억 9,901만 원	지방소득세(10%) 별도

Q3 만일 사례자가 해외 출국 후 2년 이내에 양도하면 비과세가 된다고 하자. 이 경우 양도세는 얼마나 되는가?

구분	금액	비고
양도가액	20억 원	
-취득가액	10억 원	
=양도차익	10억 원	
-비과세 양도차익	6억 원	10억 원×(12억 원/20억 원)
=과세 양도차익	4억 원	
-장기보유특별공제	8,000만 원	4억 원×20%
=소득금액	3억 2,000만 원	
-기본공제	250만 원	
=과세표준	3억 1,750만 원	
×세율	40%	
-누진공제	2,594만 원	
=산출세액	1억 106만 원	지방소득세(10%) 별도

Q4 만일 사례자가 국내로 입국해 2년 거주하면 Q 4의 결과가 어떻게 달라질까?

이 경우 장기보유특별공제율이 달라진다. 국내 거주자의 1세대 1주택에 대해서는 2년 거주하면 거주기간에 따른 공제율은 8%가 적용되며, 보유기간에 따른 공제율은 최대 40%가 적용되기 때문이다.

구분	금액	비고
양도가액	20억 원	
-취득가액	10억 원	
=양도차익	10억 원	
-비과세 양도차익	6억 원	10억 원×(12억 원/20억 원)

구분	금액	비고
=과세 양도차익	4억 원	
-장기보유특별공제	1억 9,200만 원	4억 원×48%*
=소득금액	2억 800만 원	
-기본공제	250만 원	
=과세표준	2억 550만 원	
×세율	38%	
-누진공제	1,994만 원	
=산출세액	5,815만 원	지방소득세(10%) 별도

* 거주기간 공제율+보유기간 공제율=8%(2년×4%)+40%(10년×4%)=48%

Q5) 이 결과를 보고 총평을 한다면?

거주자가 보유한 고가주택의 경우 거주기간을 늘려주면 비과세는 물론이고 장기보유특별공제를 최대 80%까지 적용할 수 있다. 하지만 해외 출국으로 2년 이내에 양도하는 비거주자의 경우에는 비과세 혜택은 받을 수 있지만, 순수 국내 거주자처럼 80%의 장기보유특별공제는 받을 수 없다. 따라서 고가주택의 양도차익이 큰 경우에 장기보유특별공제의 혜택을 늘리기 위해서는 거주자 상태에서 국내 거주기간을 늘릴 필요가 있다.

거주자와 비거주자의 장기보유특별공제 요약

구분	공제율	비고
일반공제	6~30%	거주자와 비거주자에게 적용
1주택 공제 특례	• 거주기간 : 40% • 보유기간 : 40%	거주자에게 적용
조특법상 임대주택 공제 특례	• 40%* • 50~70%	50~70%는 거주자만 적용

* 임대주택을 6년 이상 임대 시 6~30%에 6~10%를 추가 공제하는데, 이 제도는 비거주자에게도 적용한다(조특법 제97조의 4).

Tip 양도세 감면

양도세 감면은 정부에서 조세를 통해 일정한 효과를 거두기 위해 수시로 발표하는데 자세한 내용은 조특법에서 규정하고 있다. 그런데 조특법상의 감면은 정책적인 효과를 극대화하기 위해 거주자는 물론이고 비거주자에게도 문호를 개방하는 경우가 많다. 물론 선별적으로 혜택을 부여한다. 대표적인 몇 가지만 소개하면 다음과 같다.

구분	비고
① 제66조(자경농지에 대한 감면)*	자경민 보호
② 제77조(공익사업용 토지에 대한 감면)	수용의 불가피성
③ 제97조의 4(장기임대주택 장기보유특별공제 특례)**	서민주택 보급
④ 제98조의 3(미분양주택 취득자에 대한 특례)	미분양주택 해소
⑤ 제98조의 5(수도권 밖의 미분양주택 취득자에 대한 특례)	
⑥ 제98조의 6(준공 후 미분양주택 취득자에 대한 특례)	
⑦ 제99조의 2(신축주택 등 취득자에 대한 특례)	건설경기 활성화

* 출국 후 2년 이내 양도하는 경우 8년 자경농지에 대해 감면한다(조특령 제66조 제1항).

** 임대 기간이 6년 이상 시 2%(한도 10%) 적용하는 것을 말한다. 주택임대사업자에 대한 감면 효과가 큰 양도세 100% 감면(조특법 제97조의 5), 장기보유특별공제 50~70% 특례(조특법 제97조의 3) 등은 비거주자에게 적용하지 않는다.

거주자가 해외 이주를 하면서 외국으로 송금을 하거나 재외동포가 국내에서 예금 등을 반출할 때는 외국환 은행(국내 은행)을 통해 송금하게 된다.

1. 송금 시 필요한 확인서

(1) 해외 이주비 자금출처 확인서

국내 거주자가 해외 이주로 해외 이주비를 송금하고자 할 때 거래은행에 제출해야 할 서류를 말한다.

(2) 예금 등 자금출처 확인서

재외동포가 국내의 재산을 외국으로 반출할 때 연간 누계금액이 10만 불을 초과할 때 은행이 요구하는 서류에 해당한다.

(3) 부동산 매각자금 확인서

해외 이주비를 송금하거나 재외동포가 예금 등을 송금할 때 그 내용에 부동산 처분대금이 포함된 경우 이에 추가로 요구하는 확인서에 해당한다.

해외 이주비 자금출처 확인서 등 요약

항목	① 해외 이주비 자금출처 확인서	② 예금 등 자금출처 확인서	③ 부동산 매각자금 확인서
개념	해외 이주 시, 이주에 필요한 자금을 송금하기 위해 자금의 출처를 증명하는 서류	예금, 적금 등의 금융자산을 운용하거나 자금의 출처를 증명하기 위한 서류	부동산을 매각하고 얻은 자금의 출처와 그 사용처를 증명하는 서류

항목	① 해외 이주비 자금출처 확인서	② 예금 등 자금출처 확인서	③ 부동산 매각자금 확인서
발급처	관할 세무서	관할 세무서, 은행	관할 세무서
제출근거 법령	외국환관리규정 제4-6	외국환관리규정 제4-7	외국환관리규정 제4-7 등
제출처	송금을 처리할 은행(외국환 은행)		
필수 제출 여부	외국환 은행에 필수 제출(해외 이주 시)	상황에 따라 제출 (10만 불 이상 시)	상황에 따라 제출
다른 서류와의 관계	필요시 ②와 ③을 추가로 요구할 수 있음.	필요시 ③을 추가로 요구할 수 있음.	-
확인서상의 주요 정보	해외 이주자 신원, 송금할 자금의 출처와 금액, 해외 이주 관련 서류(비자, 이민 허가서 등)	자금의 출처(소득, 증여, 상속 등), 자산 매각 내역, 기타 자금 관련 내역	부동산 매각 내역, 매각 가격, 거래날짜, 거래 상대방, 자금 사용 계획 등

2. 재외동포의 국내 재산 반출절차

재외동포가 국내에 있는 재산(주로 예금)을 반출하기 위해서는 국내법에서 정한 절차에 따라야 한다.

(1) 주거래 은행 지정

재산반출을 위해서는 하나의 은행을 거래은행으로 지정해야 한다.

(2) 반출 대상 재산

본인 명의의 부동산 매각대금(국적 취득 전에 취득한 부동산에 한함)이나 예금 등이 해당한다.

(3) 재산반출 송금 한도

원칙적으로 환전 및 송금 한도는 제한이 없다. 다만, 부동산 매각자금을 반출하고자 할 때, 부동산 매각 후 5년이 경과하지 않으면 부동산 매각자금 확인서상의 확인금액 범위 이내로 반출할 수 있다. 참고로 부동산 이외의 본인 명의 재산의 지급 누계액이 미화 10만 달러를 초과하면 예금 등 자금출처 확인서상의 확인금액 범위 이내로 반출할 수 있다.

(4) 준비 서류

해외로 송금 시 다음과 같은 서류가 필요하다.

• 신분증(여권, 국적 취득 확인서 또는 영주권 및 이에 따르는 자격 취득 확인서 등)

• 예금 등의 자금출처 확인서*(전체 지급 누계액이 미화 10만 달러를 초과할 경우 필요함)

  * 예금 등에 대한 자금출처 확인서는 지정 거래 외국환 은행 소재지 또는 신청자의 최종주소지를 관할하는 세무서장이 발급한다.

• 부동산 매각자금 확인서(부동산 매각대금을 반출할 때 필요하며, 부동산 소재지 세무서장이 발행)

> **Tip** **예금 등 자금출처 확인서 등 발급방법**
>
> **1. 예금 등 자금출처 확인서 발급방법**(상증법 사무처리규정 제59조)
>   ① 확인 대상 : 국내 원화 예금·신탁 계정 관련 원리금을 국외 반출 시 연간 누계금액이 10만 달러를 초과해 외화를 반출하고자 하는 재외동포
>   ② 발급 관서 : 재외동포가 거래하는 지정거래외국환은행 소재지 관할 세무서 또는 최종주소지 관할 세무서
>   ③ 발급 기한 : 신청 접수일로부터 10일 이내
>   ④ 서식 : 예금 등 자금출처 확인서

⑤ 첨부할 서류

　– 예금·적금은 통장 사본을 첨부하고 동 예금·적금의 자금원천이 확인되는
　　서류

　– 대리인의 경우 위임장

2. **부동산 매각자금 확인서의 발급**(상증세 사무처리규정 제58조)

　① 확인 대상

　　• 재외동포 : 처분일로부터 5년 이내의 부동산 처분대금을 국외로 반출하려
　　　는 경우

　　• 외국인과 기타 비거주자 : 국내 부동산 처분대금을 국외로 반출하려는 경우

　② 발급 관서

　　• 재외동포와 비거주자 : 부동산 소재지 또는 최종주소지 관할 세무서

　　• 외국인 : 부동산 소재지 관할 세무서

　③ 발급 기한 : 신청 접수일로부터 10일 이내

　④ 서식 : 부동산 매각자금 신청서(다음 서식 참조)

　⑤ 첨부서류

　　– 등기부등본

　　– 건축물관리대장 및 토지대장

　　– 양도소득세 신고서 및 납부서(매매계약서 및 금융자료 등)

　⑥ 기타 사항

　　확인서는 주민등록번호로 발급되며, 주민등록번호가 없으면 다른 등록번호
　　로 발급됨.

발급번호	부동산 매각자금 확인서	처리기간
		10일 (필요시 30일)

신청인	성명		생년월일 (외국인등록번호)		국적 또는 영주권취득일
	국내거소			(연락처)	

부동산 매각자금 내역

부동산	소재지			
	지목		면적(㎡)	
	양도일자		양도가액(원)	
	확인금액(원)			
양수인	성명		생년월일	
	주소			

외국환거래규정 및 관련 지침 등에 의해 국내 보유 부동산을 매각한 자금이 위와 같이 확인됨을 증명해주시기 바랍니다.

년   월   일

신청인 :
대리인 :
신청인과의 관계 :
대리인 생년월일 :

세무서장 귀하

위와 같이 확인함

년   월   일

세무서장 (인)

붙임서류 1. 양도소득세 신고서 및 납부서
　　　　 2. 양도 당시 실지거래가액을 확인할 수 있는 서류(매매계약서 및 금융자료 등)

☞ 작성요령
1. '국내 거소'란에는 국내 체류지 및 연락 전화번호를 기재
2. '지목'란에는 부동산의 종류(대지, 논밭, 아파트 등)을 기재하고 부동산 소재지별로 작성한다.
3. '양도가액'란에는 세무서에 신고된 부동산 매각 당시의 가액을 기재
   다만, 기준시가에 의한 양도소득세 신고의 경우 또는 양도소득세 비과세에 해당하는 경우 매매계약서 및 관련
   금융자료등 제출된 증빙서류에 의해 객관적으로 부동산매각대금이 확인된 경우에는 그 가액을 기재
4. '확인금액'란에는 양도가액에서 해당 부동산의 채무액(전세보증금, 임차보증금 등)을 공제한 가액을 기재
5. 토지수용 등의 경우 사업시행소관부처장의 확인서를 첨부

　국외전출세는 법인의 대주주가 국외 전출로 비거주자가 된 경우 출국일 현재 보유하고 있는 주식을 양도한 것으로 봐서 이에 양도세를 과세하는 제도는 말한다(소득법 제118조의 9). 그런데 이 제도가 시행된 지 몇 년이 되지 않아 이 제도 자체를 이해하는 것도 힘든 경우가 많다. 그래서 이하에서는 이 제도의 작동원리를 사례를 통해 알아보고, 어떤 쟁점들에 유의해야 하는지 등을 알아보고자 한다. 참고로 이 제도는 2018년 1월 1일부터 시행되고 있다.

1. 사례

　서울에서 1인 법인을 영위하고 있는 K씨는 이민을 준비하고 있다. 그런데 얼마 전 대주주가 이민을 가면 국외전출세를 내야 한다는 소식을 접했다. 그는 이 제도가 어떤 내용을 담고 있는지 궁금해하고 있다. 다음 자료를 통해 이 문제를 파악해보자.

자료

• 총발행주식 수 : 10,000주(액면가 1주당 5,000원)
• 주식 보유현황 : K씨 50%, 그의 가족 50%
• 장부상 순자산가액 : 5억 원
• 기타의 내용은 무시하기로 함.

Q1 국외전출세는 어떤 경우에 누구에게 과세되는가?

　주식을 보유하고 있는 법인의 대주주*가 해외 이주로 인해 비거주자**가 된 경우 이날 주식을 양도하는 것으로 본다. 따라서 대주주가 해외 이주를 하면 이에 대한 납세의무가 성립한다고 할 수 있다.

* 코피스와 코스닥 그리고 코넥스상장 법인은 지분율 1%, 2%, 4%(또는 시가 총액 50억 원) 이상, 비상장법인은 4%(10억 원) 이상에 해당하는 대주주를 기준으로 과세한다.

** 해외 이주로 비거주자가 될 때 한 해 이 규정이 적용된다. 따라서 해외 파견근무자 등 거주자는 이 규정이 적용되지 않는다(기재부 국제조세제도과-209, 2019. 5. 17).

(Q2) 국외전출세의 과세표준과 세율은?

- 과세표준 : 양도가액-취득가액 등 필요경비-연 5,000만 원의 범위에서 대통령령으로 정하는 금액
- 세율 : 과세표준 3억 원 이하 20%, 3억 원 초과분은 25%

위에서 양도가액은 출국일 당시의 시가로 하나, 시가 산정이 어려운 경우 대통령령으로 정하는 방법에 따른다. 일반적으로 비상장법인의 1주당 가액의 평가는 순손익 가치와 순자산 가치를 각각 3과 2의 비율로 가중평균한 가액으로 한다. 다만, 그 가중평균한 가액이 1주당 순자산 가치에 100분의 80을 곱한 금액보다 적으면 1주당 순자산 가치에 100분의 80을 곱한 금액을 평가액으로 한다.

(Q3) 사례의 경우 국외전출세는 얼마나 나올까?

일단 양도가액을 순자산 가치로만 계산하면 1주당 5만 원(5억 원/1만 주)이 나온다. 그런데 취득가액은 1주당 5,000원이므로 1주당 4만 5,000만 원의 차익이 발생한다. 기타의 내용을 무시하면 다음과 같이 산출세액이 나온다.

- 산출세액 = (4만 5,000만 원×10,000주)×세율 = 3억 원×20%+1.5억 원×25% = 9,750만 원

Q4 K씨는 위 양도세는 납부유예 신청할 수 있을까?

그렇다. 납세관리인 신고 및 납세담보 제공 시 출국일부터 실제로 양도할 때까지 납부유예 신청이 가능하다.*

* 단, 출국일부터 5년(국외 유학의 경우 10년) 이내에 실제 양도하지 않은 경우 5년(국외 유학의 경우 10년)이 되는 날이 속하는 달의 말일부터 3개월 이내에 납부해야 한다.

Q5 K씨가 실제 주식을 양도하거나 증여하면 어떤 일들이 발생할까?

실제 주식을 양도하면 '출국 당시 양도가액-실제 양도가액'에 신고 시 적용된 세율(20~25%)을 곱한 금액을 산출세액에서 공제해준다(조정 공제제도). 한편 출국일로부터 5년 이내에 국내 주식을 거주자에게 증여한 경우에는 사유 발생 후 1년 이내에 환급신청을 할 수 있다.

2. 대주주의 국외전출세 관련해 알아둬야 할 것들

대주주의 국외전출세는 미실현이익에 대한 과세라는 비판에도 불구하고 신설되어 현재 시행 중이다. 따라서 해외 이주를 고려한 경우에는 주식 관리를 제대로 할 필요가 있다. 다음의 내용을 참고해보자.

첫째, 국외전출세의 과세요건과 납세절차 등을 알아둬야 한다.

국내 상장법인이나 비상장법인의 대주주가 이민할 때 과세된다. 따라서 미리 주식의 시가를 확인하고 세금이 얼마나 나올 것인지 예측을 해야 한다. 그리고 만일 실행을 옮길 때 출국일 전날까지 주식 보유현황을 관할 세무서장에게 신고해야 하며, 출국일이 속한 달의 말일로부터 3개월 이내에 양도소득세 신고 및 납부를 해야 한다. 물론 이러한 행위를 하지 않으면 가산세 제재가 있다. 특히 주식 보유현황을 신고하

지 않으면 액면가의 2% 상당액이 가산세로 부과되므로 주의할 필요가
있다.

둘째, 조정공제나 세액공제제도 등도 알아둔다.

출국일 당시의 주식의 양도가액과 실제 주식의 양도가액이 차이가
발생하면 그 차액에 대해서 조정공제를 해준다. 이때 조정공제에 의한
세액공제는 실제 양도일부터 2년 이내에 신청해야 함에 유의해야 한
다. 한편 국외전출자가 국내 주식 양도로 외국에서 납부한 세액이 있다
면 외국납부세액공제를 받을 수 있다.

**셋째, 국외 전출자에게 다음과 같은 사유가 발생하면 그 사유가 발생한 날부
터 1년 이내에 납부한 세액의 환급을 신청할 수 있음도 알아두자.**

- 국외전출자가 출국일부터 5년 이내에 국외전출자 국내 주식 등을
  양도하지 않고 국내에 다시 입국해 거주자가 되는 경우
- 국외전출자가 출국일부터 5년 이내에 국외전출자 국내 주식 등을
  거주자에게 증여한 경우
- 국외전출자의 상속인이 국외전출자의 출국일부터 5년 이내에 국외
  전출자 국내 주식 등을 상속받은 경우

Tip 국외전출자 주식 양도세 신고 흐름

구분	출국 전	출국 후
외교부 신고	1. 해외 이주 신고 2. 재외국민등록	–
국세청 신고	1. 납세 증명서 신청(해외 이주신고서에 첨부) 2. 납세관리인 신고* 3. 국내 주식 등 보유현황 신고	• 국외전출자 : 3개월 이내 신고 • 납세관리인 : 2개월 이내 신고

* 국외전출자는 국외전출자 국내 주식 등의 양도소득에 대한 납세관리인과 국외전출자 국내 주식 등의 보유현황을 출국일 전날까지 납세지 관할 세무서장에게 신고해야 한다(제1장 [절세 탐구 1] 참조). 이 경우 국외전출자 국내 주식 등의 보유현황은 신고일의 전날을 기준으로 작성한다(소득법 제126조의 9). 후자의 보유현황을 신고하지 않으면 가산세(2%)가 있다.

제 **6** 장

비거주자 양도세
비과세 전략

비거주자에게 비과세 전략이 필요한 이유

비거주자의 양도세 비과세 전략은 비거주자가 국내의 부동산 중 주택을 양도할 때 과세보다는 비과세를 받을 수 있도록 상황을 만드는 것을 말한다. 다만, 이러한 전략은 실제 수행 시 의도대로 되지 않을 수 있다. 세법 적용 시 오류가 발생할 가능성이 있기 때문이다. 다음에서 비거주자에게 양도세 비과세 전략이 필요한 이유를 더욱 구체적으로 알아보자.

1. 비과세 전략이 필요한 이유

첫째, 비거주자가 한국 내 부동산을 양도할 때 양도세를 최소화하거나 비과세 혜택을 받으면 세금 부담을 줄일 수 있다.

☞ 국내의 경우 1세대 1주택 비과세에 대한 혜택이 크다.

둘째, 비거주자는 국내에서 발생한 소득에 대해 양도세를 납부해야 하며 미국 등 거주지국에서도 세금 신고와 납부 의무가 있다. 비과세 전략을 통해 세금 부담을 줄이면, 국제적인 세금 계획을 효율적으로 조정할 수 있다.

☞ 양 국가에서 부과되는 세금의 합을 최소화하는 전략이 필요하다. 이는 양도세와 상속세에서 두드러진다.

셋째, 한국 내 세법과 외국 세법이 다를 수 있어 비거주자가 양도세를 정확히 계산하고 신고하는 것이 복잡할 수 있다. 비과세 혜택을 활용하면 이러한 복잡성을 줄일 수 있다. 비거주자가 세금 비과세 혜택을 받으면 복잡한 세금 신고 및 납부 절차를 간소화할 수 있다. 이는 특히 한국 외에 거주하는 경우 더욱 유리하다.

☞ 비과세는 국가가 과세권을 포기하기 때문에 검증의 절차가 간소화된다. 다만, 최근 국내의 세법은 상당히 복잡하게 변화했으므로 전문 세무사를 통해 일 처리를 하는 편이 좋을 것으로 보인다.

넷째, 부동산 투자 시 비거주자가 세금 혜택을 고려하는 것은 중요한 전략 중 하나다. 비과세 혜택을 활용하면 투자 수익률을 높일 수 있으며, 이는 투자 결정에 큰 영향을 미친다.

☞ 특히 고가주택의 경우 일차적으로 비과세 혜택이 주어지고, 이차적으로 장기보유특별공제가 최대 80%까지 주어진다. 이 두 가지 혜택이 결합한 경우 세 부담이 극히 미미한 수준이 된다.

2. 한국과 미국의 거주주택 양도세 비과세 비교

(1) 한국과 미국의 거주주택 비과세제도 비교

구분	한국	미국
비과세 요건	2년 보유, 2년 거주 (조정지역)	최근 5년간 2년 거주
양도차익에 대한 비과세	양도차익X (12억 원/양도가액)	25만 달러(공동 50만 달러)
장기보유특별공제	거주 및 보유기간 : 최대 80%	
비과세와 공제한도	없음.*	25만 달러(공동 50만 달러)
양도세율	6~45%	15~20% 선

* 이 부분이 미국과 큰 차이가 있다.

(2) 사례

다음 자료를 통해 양국 간의 세금 차이를 알아보자. 단, 이외 사항은 무시한다.

한국 。	미국
• 양도차익 : 14억 원 • 양도가액 : 20억 원 • 10년 거주 • 세율 : 6~45%	• 양도차익 : 100만 달러 • 10년 거주 • 세율 : 15% • 공제 : 25만 달러 • 환율 : 1,400원/1달러

구분	한국	미국	차이
양도차익	14억 원	100만 달러	
-비과세 양도차익	8.4억 원	25만 달러	
=과세 양도차익	5.6억 원	75만 달러	
-장기보유특별공제	4.48억 원	-	

구분	한국	미국	차이
=소득금액	1.12억 원	75만 달러	
×세율	35%	15%	
−누진공제	1,554만 원	0	
=산출세액	2,376만 원	11만 2,500달러	
환율		1,400원/1달러	
=산출세액	2,376만 원	1억 5,750만 원	1억 3,374만 원 (국내 유리)

한국의 경우 비과세와 장기보유특별공제에 대한 한도는 없는 대신, 미국은 한도가 있다. 이러한 차이에 의해 미국에서의 세금이 더 많이 나오는 것으로 보인다.

거주자와 비거주자의 주택 양도세 비과세제도

거주자와 비거주자가 국내에서 보유한 주택을 양도하면 양도세가 과세되는 것이 원칙이다. 다만, 1세대 1주택에 대해서는 비과세가 가능하다. 물론 비과세가 가능하더라도 실거래가액이 12억 원이 넘는 고가주택은 과세가 된다. 다음에서 거주자와 비거주자의 1세대 1주택에 대한 비과세제도를 비교해보자.

1. 거주자

(1) 실거래가액이 12억 원 이하인 경우

이 경우에는 기본적으로 취득일~양도일까지의 보유기간이 2년 이상이면 비과세가 가능하다. 다만, 2년 거주기간이 추가되는데, 이 경우에는 다음과 같이 적용된다.

- 2017년 8월 3일 이후 조정지역에서 취득한 주택일 것*

  * 이 규정은 취득 시 조정지역이었으나 그 이후 해제된 경우라도 이 요건이 적용됨에 유의해야 한다. 조정지역은 주택가격이 급등하는 지역을 말하며 2024년 12월 현재 서울 강남·서초·송파·용산구 등 4곳만 지정되어 있다.

(2) 실거래가액이 12억 원을 초과하는 경우

이 경우에는 전체 양도차익 중 일부에 대해 비과세를 적용하고, 나머지 양도차익에 대해서는 과세를 한다. 이때 세금 계산 흐름은 다음과 같다.

- 전체 양도차익 계산 → 전체 양도차익 중 비과세 양도차익 제거 → 과세되는 양도차익에 대해 장기보유특별공제* 적용 → 기본공제(250만 원) 후의 과세표준에 세율 적용

  * 보유기간과 거주기간의 조합에 따라 최저 6%에서 최고 80%의 공제율이 적용된다.

2. 비거주자

(1) 해외 출국 후 2년 이내에 양도하는 경우

① 실거래가가 12억 원 이하인 경우

출국 후 2년 이내에 양도하는 경우에는 보유기간과 거주기간에 관계없이 비과세가 적용된다.

② 실거래가가 12억 원을 초과하는 경우

출국 후 2년 이내에 양도하는 경우에는 보유기간과 거주기간에 관계없이 비과세가 적용된다. 다만, 12억 원 초과분의 양도차익에 대한 장기보유특별공제율은 최대 30%가 적용된다.

(2) 해외 출국 후 2년 후에 양도하는 경우

출국일로부터 2년 후에 국내의 부동산을 양도하면 무조건 양도세가 과세되는 것이 원칙이다.

비거주자의 주택에 대한 비과세와 과세 요약

구분	출국 후 2년 내 양도		출국 후 2년 후 양도
	12억 원 이하	12억 원 초과	
양도가액			
-취득가액			
=양도차익	×××	×××	×××
-비과세 양도차익	전액 비과세	양도차익 × (12억 원/양도가액)	없음.
=과세 양도차익	×××	×××	×××
-장기보유특별공제		6~30%	좌동
=소득금액	×××	×××	×××
-기본공제		250만 원	좌동
=과세표준	×××	×××	×××
×세율		6~45%	좌동*
=산출세액	×××	×××	×××

* 주택수가 많다면 국내 거주자처럼 중과세의 적용도 가능함.

비거주자가 거주자가 된 경우의 양도세 비과세 요건 적용법

해외 출국한 지가 오래되어 양도세 비과세 혜택을 누릴 수 없게 되었다고 하자. 이 경우 거주자가 되는 방식으로 비과세 혜택을 노려볼 수 있다. 다만, 비거주자가 거주자가 된 과정에서는 몇 가지 살펴볼 요소들이 있다. 다음에서 이에 대해 살펴보고 구체적인 것들은 뒤에서 살펴보자.

1. 비과세 요건

양도세 비과세는 '양도일(잔금과 잔금 청산일 중 빠른 날)'을 기준으로 판단한다. 이때 다음과 같은 요소를 중점적으로 검토해야 한다.

(1) 1세대

국내 세법에서 주택에 대한 양도세는 '1세대', 즉 세대 단위로 비과세를 적용한다. 여기서 1세대란 부부와 생계를 같이하는 가족으로 자녀나 부모 등을 포함하나, 자녀나 부모가 세대독립요건을 갖춰 분가한 경우라면 부부가 1세대가 된다.

☞ 만일 부모를 봉양하는 경우에는 국내 거주자에게는 동거봉양에 의한 2주택 비과세 등을 적용하므로 큰 쟁점이 되지 않는다. 이외 상속받은 주택이 있는 경우 등도 마찬가지다.

(2) 1주택

양도일 당시 1세대가 1주택만을 보유하고 있어야 한다. 그런데 여기서 문제는 1주택이 실제 주택만을 의미하는 것이 아닌, 다음과 같은 것들도 주택으로 취급되므로 이를 포함해 주택수 판단을 해야 한다는 것이다.

- 주거용 오피스텔
- 조합원입주권
- 2021년 이후에 취득한 주택분양권

☞ 출국일 현재 일시적 2주택이나 감면 주택 등을 포함해 2주택을 보유한 경우에는 2주택 모두에 대해 과세가 된다(2008. 2. 22 이후 양도분부터 적용). 한편 세대원 전원이 출국하기 전에 당해 주택을 양도하고 다른 주택을 취득하는 때에는, 1세대 1주택 비과세 규정이 적용되지 않는다(제도 46014-10645, 2001. 4. 19).

(3) 2년 보유

양도세 비과세를 받기 위해서는 기본적으로 2년 이상 보유를 해야 한다. 그런데 국내에서 줄곧 거주한 자의 경우 이러한 요소는 별문제가 없으나, 외국에서 살다가 들어온 비거주자는 어떤 식으로 이를 따져야 하는지가 궁금할 수 있다. 다음 기준에 따라 이 부분을 정리해보자.

- 출국 전 거주자 상태에서 보유한 기간+입국 후 거주자 상태에서 보유한 기간

이처럼 보유기간은 출국 전에 거주자였을 때의 기간과 입국 후 기간을 합산해 이 기간을 따지게 된다(재산-903, 2009. 12. 3 등). 참고로 외국에서 오래 거주한 자가 국내의 거주자가 되는 시기는 '국내에 주소를 둔 날'이 된다. 이 경우 가족과 자산상태 등이 고려해 거주자 판단을 하게 됨에 유의해야 한다(제2장 참조).

(4) 2년 거주

양도세 비과세를 판단할 때 2년 거주요건은 다음과 같이 판단한다. 이 요건은 취득 당시의 조정지역 내의 주택에 대해 적용한다. 따라서 취득 후 조정지역에서 해제된 경우에도 이 요건이 여전히 적용됨에 유의해야 한다.

- 취득 시기가 2017년 8월 2일 이전인 경우→2년 거주요건을 적용하지 않는다.
- 취득 시기가 2017년 8월 3일 이후인 경우→취득 당시 조정지역이면 2년 거주요건이 있다.

☞ 조정지역은 한국 정부의 부동산 대책의 일환에 따라 수시로 지정 및 해제되었으므로 해당 주택의 취득 당시에 조정지역에 해당하는지를 반드시 확인해야 한다(대한민국 전자관보에서 조회 가능).

2. 적용 사례

사례를 통해 앞의 내용을 이해해보자. 다음 자료를 보고 물음에 답해보자.

- 2000년 2억 원에 취득한 주택(2년 거주함)
- 현재 20억 원
- 2015년 미국영주권 획득
- 조만간 영주귀국을 하고자 함(미국 내에는 가족 및 자산이 없음).

Q1 이 사례자의 경우 언제부터 국내 거주자가 되는가?

영주귀국한 날에 거주자가 될 것으로 보인다.

Q2 이 사례자가 미국영주권을 포기하지 않은 경우라면 미국의 거주자로 볼 가능성이 있는가?

그렇다. 미국은 영주권을 가지고 있는 경우 미국의 거주자로 볼 수 있기 때문이다(주의). 다만, 사례의 경우 미국 내 가족 및 자산이 없는 것으로 봐서 미국의 거주자로 보지 않을 가능성이 커보인다.

Q3 이 사례자가 영주귀국을 했다고 하자. 이 경우 양도세 과세방식은?

일단 거주자가 되므로 다음과 같이 과세방식이 결정된다.

- 비과세 → 국내 거주자로 보유기간이 2년 이상 되었으므로 비과세 요건을 충족한다. 참고로 이때 보유기간은 입국 전후의 기간을 통산한다.
- 장기보유특별공제 → 전체 보유기간에 대한 공제율(15년×2%=30%)과 특례공제율(거주기간별 공제율 8%+보유기간별 공제율 40%=48%) 중 큰 공제율을 적용받을 수 있다(근거는 바로 다음에서 확인할 수 있다).

☞ 비거주자가 거주자로 되는 시기를 판단할 때 해외이주법에 따라 해외 이주한 자가 동법 제12조 및 동법 시행규칙 제13조에 따라 영주귀국하는 경우에는 국내에 주소를 둔 날(거주자가 되기 위해 입국한 날)부터 '거주자'가 되는 것이다. 한편, 1세대 1주택 비과세는 양도일 현재 거주자에게 적용되는 것으로서, 보유기간은 거주자 신분에서의 보유기간을 '통산'해 비과세 여부를 판정하는 것이다(부동산-615, 2014. 8. 22).

Q4 국내 거주자가 된 직후 양도세를 계산하면 얼마나 될까? 단, 편의상 장기보유특별공제율은 48%를 적용한다.

구분	금액	비고
양도가액	20억 원	
−취득가액	2억 원	
=양도차익	18억 원	
−비과세 양도차익	10억 8,000만 원	18억 원×(12억 원/20억 원)
=과세 양도차익	7억 2,000만 원	
−장기보유특별공제	3억 4,560만 원	7억 2,000만 원×48%*
=소득금액	3억 7,440만 원	
−기본공제	250만 원	
=과세표준	3억 7,190만 원	
×세율	40%	
−누진공제	2,594만 원	
=산출세액	1억 2,282만 원	지방소득세(10%) 별도

* 30%와 48% 중 큰 공제율을 적용함.

Q5 영주귀국 후 미국에도 주택에 대한 양도세를 신고해야 하는가?

영주권을 반납하지 않았다면 미국의 거주자에 해당할 수도 있으므로 이 부분에 대한 점검이 있어야 할 것으로 보인다.

비거주자가 거주자가 된 경우의 장기보유특별공제 적용법

장기보유특별공제는 3년 이상 보유한 부동산의 양도차익에 적용하는 제도에 해당한다. 이때 공제율은 최저 6%, 최고 80%를 적용한다. 다음에서 비거주자가 국내 거주자가 된 경우의 장기보유특별공제의 적용법에 대해 알아보자.

1. 일반공제율

여기서 일반공제율은 보유기간에 따른 공제율로, 보유기간이 3년 이후부터 15년까지 매년 2%를 적용한다. 따라서 이 경우 최저 6%, 최고 30%가 적용된다. 이러한 공제율은 거주자와 비거주자 모두에게 동일하게 적용된다. 참고로 이를 적용받을 수 없는 경우는 다음과 같다.

- 3년 미만 보유
- 분양권
- 조합원입주권(관리처분계획인가일 전의 양도차익은 가능)

- 미등기 부동산
- 중과세 대상 주택 등

2. 1세대 1주택 특례공제율

1세대 1주택이 고가주택으로 양도세가 과세되는 경우 과세되는 양도차익에 대해 최고 80%를 적용하는 공제율을 말한다.

(1) 거주기간별 공제

국내에서 거주자로서 거주한 기간이 최소 2년 이상, 최대 10년인 경우 연도별로 4%를 적용해 8~40%를 적용한다(단, 이 경우 보유기간은 최소 3년 이상이 되어야 한다).

(2) 보유기간별 공제

국내에서 거주자로 주택을 보유한 기간이 최소 3년 이상, 최대 10년인 경우 연도별로 4%를 적용해 12~40%를 적용한다(단, 이 경우 거주기간은 최소 2년 이상이 되어야 한다).

(3) 특례공제율 적용

1세대 1주택이 고가주택에 해당하면 과세되는 양도차익에 대해 앞의 (1)과 (2)를 더해 공제율을 적용한다. 간단한 예를 들어 이를 살펴보자.

ⓠ1 거주기간이 1년이고 보유기간이 10년이라면 고가주택에 대한 공제율은?

공제율은 20%다. 거주기간은 최소 2년 이상이 되어야 특례공제율을 적용받을 수 있기 때문이다.

Q2 거주기간이 2년이고 보유기간이 10년이라면 고가주택에 대한 공제율은?

48%다. 거주기간 공제율은 8%이고, 보유기간 공제율은 40%이기 때문이다.

Q3 거주기간이 10년이고 보유기간이 10년이라면 고가주택에 대한 공제율은?

80%다. 거주기간 공제율은 40%이고, 보유기간 공제율도 40%이기 때문이다.

3. 비거주자가 거주자가 된 경우 특례공제율 적용법

비거주자가 국내의 거주자가 된 상태에서 고가주택을 양도하면 앞의 특례공제율을 어떤 식으로 적용할지 궁금할 수 있다. 이에 대해서는 과세관청은 전체 보유기간에 2%를 곱한 것(별표 1, 한도 30%)과 거주자로서 보유한 기간에 4%(별표 2, 이 경우 거주자로 2년 거주 필수)를 곱한 것 중 큰 것을 적용하도록 하고 있다. 다음 해석을 참조하기 바란다.

※ 장기보유특별공제의 보유기간 계산(사전법령해석재산 2017-679, 2019. 11. 29)

[제목]
거주자에서 비거주자로 다시 거주자가 된 상태에서 1세대 1주택 양도 시 장기보유특별공제액 계산방법

[요약]

거주자가 비거주자가 되었다가 다시 거주자가 되어 1세대 1주택을 양도하는 경우 주택의 전체보유 기간에 대한 표1에 따른 공제율과 거주자로서 보유기간에 대한 별표 2에 따른 공제율 중 큰 공제율을 적용하는 것임.

장기보유특별공제율(별표 1, 별표 2)

구분		공제율	비고
별표 1		6~30%	3년 이상 보유 시 연간 2% 적용
별표 2	거주기간	8~40%	2년 이상 거주 시 연간 4% 적용 (단, 3년 미만 보유 시 0% 적용)
	보유기간	12~40%	3년 이상 보유 시 연간 4% 적용 (단, 2년 미만 거주 시 연간 2% 적용)

4. 적용 사례

앞의 사례를 연장해서 살펴보자. 다음 자료를 보고 물음에 답해보자.

> **자료**
>
> • 2000년 2억 원에 취득한 주택(2년 거주함)
> • 현재 20억 원
> • 2015년 미국영주권 획득
> • 조만간 영주귀국을 하고자 함(미국 내에는 가족 및 자산이 없음).

Q1 이 사례자가 영주귀국한 후 주택을 양도하면 장기보유특별공제율은 48%다. 왜 그런가?

거주자에서 비거주자 그리고 거주자로 신분이 바뀐 경우의 장기보유특별공제율은 전체 보유기간에 대해 2%(사례의 경우 15년×2%=30%, 별표

1)와 1주택공제율(거주기간 8%+보유기간 40%=48%, 별표 2) 중 큰 공제율을 적용하기 때문이다.

Q2 만일 공제율을 최대 80%까지 받고 싶다면 어떻게 하면 될까?

입국 전에 2년을 거주했으므로 입국 후 8년을 거주하면 총 10년을 거주하는 것이 되어 이 경우 80%까지 공제가 가능해진다.

Q3 만일 10년 거주를 꼭 채운 후 양도하면 양도세는 얼마나 줄어들까? 양도가액 등은 변함이 없다고 가정한다.

구분	2년 거주	10년 거주
양도가액	20억 원	20억 원
-취득가액	2억 원	2억 원
=양도차익	18억 원	18억 원
-비과세 양도차익	10억 8,000만 원	10억 8,000만 원
=과세 양도차익	7억 2,000만 원	7억 2,000만 원
-장기보유특별공제(48%, 80%)	3억 4,560만 원	5억 7,600만 원
=소득금액	3억 7,440만 원	1억 4,400만 원
-기본공제	250만 원	250만 원
=과세표준	3억 7,190만 원	1억 4,150만 원
×세율	40%	35%
-누진공제	2,594만 원	1,544만 원
=산출세액	1억 2,282만 원	3,409만 원

이처럼 고가주택의 경우 거주기간 등에 따라 세금의 변화가 크게 발생한다.

비거주자가 거주자가 되는 방법

앞에서 봤듯이 주택에 관한 한 국내 거주자가 되어야 비과세 혜택과 장기보유특별공제의 혜택을 누릴 수 있다. 그렇다면 양도세 비과세를 받기 위해 비거주자가 국내 거주자가 되는 방법을 구체적으로 알아보자. 이와 관련된 기초적인 내용은 제2장을 참조하기 바란다.

1. 영주권이나 시민권을 가지고 있는 경우

(1) 영주귀국을 하는 경우

영주귀국을 할 때는 국내에 가족이 있고 자산이 국내에 있다면 귀국한 날로부터 국내 거주자로 인정될 가능성이 크다.

☞ 영주귀국 시는 영주귀국신고서 등을 외교부령으로 정하는 영주귀국을 증명할 수 있는 서류를 갖추어 재외동포청장에게 신고해야 한다. 한편 시민권자의 경우 국적을 어떻게 할 것인지에 대해서 의사결정이 되어야 할 것으로 보인다.

이렇게 확실한 의사를 표시하지 않으면 상대국에서 거주자로 인정될 수 있다. 그 결과 이중과세 등의 문제가 발생할 수 있다.

(2) 영주귀국이 아닌 경우

이 경우 국내에 일시체류를 통해 거주자가 되는 것으로써 제2장에서 본 가족, 자산상태, 체류기간 등을 종합해 거주자 판단을 하게 된다.

2. 해외 주재원 등의 경우

(1) 국내 기업의 국외 사업장이나 100% 출자한 현지법인에 파견된 경우

이들은 국내 거주자로 보기 때문에 별다른 조처할 필요가 있다. 참고로 가족들과 함께 외국에 나간 경우에도 다시 국내로 들어올 거라고 인정되면 거주자로 보게 된다. 이에는 해외파견 공무원을 포함한다.

(2) 이 외의 경우

예를 들어 국내 기업의 국외 사업장이 아니거나, 100% 미만 출자한 현지법인에 근무하는 경우에는 앞의 경우보다 거주자 판단이 까다로울 수 있다. 이때에는 가족, 자산상태 등을 고려해서 국내 거주자임을 과세관청으로부터 인정을 받아야 한다(다음 내용 참조).

☞ 1세대 1주택 비과세 규정을 적용하면서 거주자가 국외로 출국해서 국외에 거주하다가 국내에 입국하는 경우로써 그 직업 및 자산상태에 비추어 국내에 다시 입국해 주로 국내에 거주하리라고 인정되지 않을 때는 국내에 자산을 보유하고 있다고 하더라도 비거주자로 본다(부동산-163, 2012. 3. 20).

3. 적용 사례

사례를 통해 앞의 내용을 확인해보자. 다음 자료를 보고 물음에 답해보자.

> **자료**
> - A씨는 캐나다 영주권자에 해당함(영주권 취득연도 : 2015년).
> - 그는 국내 거주자 상태에서 주택을 양도하고자 함. 물론 비과세를 받기 위한 것임.
> - A씨는 영주권을 반납할 의사는 없음.

Q1 A씨는 영주권을 반납할 의사 없이 국내 거주자가 되고 싶어 한다. 어떻게 해야 하는가?

일단 기본적으로 1과세기간 183일 이상 국내에서 거주해야 한다. 그리고 관할 세무서로부터 거주자로 인정을 받아야 한다. 이때 관할 세무서는 가족이 국내에 있는지, 자산이 국내에 있는지 등 다양한 요소를 종합해 판단을 내린다.

Q2 A씨는 배우자와 함께 국내로 들어와 183일 이상 체류를 할 예정이다. 이 경우 국내 거주자로 인정될까?

자산상태 등을 고려해서 판정하므로 이에 대한 답을 명확하게 얻기가 힘들어 보인다.

Q3 A씨가 캐나다 영주권을 반납하고 영주귀국 신고를 했다. 이 경우 국내 거주자로 인정되는가?

그럴 가능성이 크다.

주택양도 시 거주자 여부 세무조사

영주권자나 시민권자 등 비거주자가 입국해 국내의 거주자가 된 상태에서 비과세 주택을 양도하는 때도 있다. 이때 필연적으로 등장하는 것이 바로 '거주자' 신분인지 아닌지 아닌지를 검증받는다는 것이다. 따라서 거주성이 떨어지면 비과세가 과세로 바뀌는 등 세무 리스크가 올라가므로 이에 관한 판단이 중요하다. 다음에서는 이와 관련 리스크를 최소화할 방법을 찾아보자.

1. 거주자 판정과 관련된 궁금증들

비거주자의 관점에서 거주자 판정과 관련해 궁금해하는 것들을 나열하면 다음과 같다.

① 거주자인지 아닌지 한국의 과세관청이 자동으로 파악을 할까?
② 자동으로 파악하기 힘들다면 어떤 경로로 거주자 여부를 확인할까?

이에 대해서는 다음에서 찾아보자.

① 거주자인지 아닌지 한국의 과세관청이 자동으로 파악을 할까?

한국의 과세관청이 개인의 거주자 여부를 자동으로 파악하기는 어려울 것으로 보인다.

② 자동으로 파악하기 힘들다면 어떤 경로로 거주자 여부를 확인할까?

일반적으로는 개인이 자발적으로 신고하거나 세무서에 관련 정보를 제공해야 한다. 거주자 여부는 주로 세무 신고와 관련 서류를 통해 확인되며, 자동화된 시스템보다는 신고서와 제출 서류를 바탕으로 판단한다.

③ 영주권자라도 국내에 주소가 있고 주민등록번호가 있는데 관할 세무서를 반드시 경유해야 할까?

인감증명서를 발급받거나 원천징수 면제를 받기 위해, 그리고 외국으로 송금 등을 할 때 관할 세무서의 경유가 필요하다.

④ 영주권자나 시민권자가 아닌 일반 비거주자는 국내에 주소가 있고 주민등록번호가 있는데 관할 세무서를 반드시 경유해야 할까?

이들은 대부분 국민에 해당하므로 이러한 절차가 불필요하다.

⑤ 비거주자임에도 거주자로 양도세 신고를 하면, 관할 세무서에서는 그대로 받아줄까? 이때 거주자임을 확인할까?

아니다. 신고한 내용을 토대로 거주자 여부를 확인하게 된다.

⑥ 비거주자 상태에서 양도한 후 신고를 아예 하지 않으면, 관할 세무서에서는 이에 관해 확인할까?

이에 대해서도 자체적인 검증 시스템을 통해 확인한다.

2. 거주자 또는 비거주자 실무적인 판단기준

비거주자가 국내에 입국한 후 거주자로서 주택을 양도할 때 거주자 여부를 판단하게 되는데 다음과 같은 다양한 요소를 기준으로 판정을 하게 된다. 이러한 요소 외에도 다양한 것들이 있을 수 있으므로 세부적인 것은 전문 세무사를 통해 알아보는 것이 좋을 것으로 보인다.

(1) 경제적 관계의 검토

- 자산이 어느 나라에 소재하는지
- 주거용 주택은 어느 나라에 소재하는지
- 국내에 자동차나 골프회원권 등을 보유하고 있는지
- 근로소득이나 사업소득이 어느 나라에서 발생하고 있는지
- 국내 법인의 임직원이면 실제 근무하고 있는지
- 금융자산은 어느 국가에서 운영하고 있는지

- 금융자산 및 입출금 등은 어떤 식으로 흘러가고 있는지
- 카드는 어떤 식으로 사용하고 있는지

(2) 인적 관계의 검토

- 본인, 배우자나 자녀는 주로 어디에 거주하는지
- 국내에서 주택을 임차하거나 구입해 거주하고 있는지
- 본인, 배우자나 자녀의 금융자산은 얼마나 되는지
- 국내 소득 발생은 얼마나 되고 있는지
- 판정 대상자가 국내에 얼마나 체류했는지
- 가족이 국내에 체류한 날은 얼마나 되는지
- 국내에 생활자금을 공유하며 생계를 같이하는 가족이 있는지

(3) 정주 의사의 검토

- 국내에서 세무신고한 내역이 있는지
- 국내에서 주택을 임차하거나 구입하고 사용하고 있는지
- 영주권, 거소증, 외국 국적 취득 등을 했는지
- 휴대폰 가입을 했는지
- 운전면허증을 취득했는지
- 입국 후 국내에서 취미 등의 활동을 했는지

> **Tip** **양도세 신고 서식으로 본 거주자와 비거주자 판단**
>
> 거주자나 비거주자 모두 양도세를 신고할 때에는 다음과 같은 서식을 사용한다. 그런데 이때 신고인(양도인)의 주민등록번호와 거주지국 주소 등을 기재하도록 하고 있다. 이 외에도 내국인과 외국인의 구분, 거주자와 비거주자의 구분 등도 요구하고 있다. 과세관청은 내부 전산망을 이용한 이러한 정보가 맞는지를 검증하게 된다.

(년귀속) 양도소득 과세표준 신고 및 납부계산서					
([ ]예정신고, [ ]확정신고, [ ]수정신고, [ ]기한 후 신고)					
① 신고인 (양도인)	성명		주민등록번호		내·외국인	[ ]내국인, [ ]외국인

① 신고인 (양도인)	성명		주민등록번호		내·외국인	[ ]내국인, [ ]외국인
	전자우편 주소		전화번호		거주구분	[ ]거주자, [ ]비거주자
	주소				거주지국	거주지국코드
					국적	국적코드

참고로 비거주자로부터 법인이 매수한 경우 원천징수의무가 있는 경우, 이를 면제 받기 위해 비과세 확인신청서를 제출하거나 해외 송금 등을 할 때 부동산 매각 확인서 등을 세무서에 제출하는데 이러한 과정에서 비거주자임이 밝혀진다.

[ ] 신고납부
비거주자의 양도소득세 [ ] 비과세 확인(신청)서
[ ] 과세미달

※ 해당되는 [ ]에 √표를 합니다.   (앞쪽)

접수번호		접수일	처리기간 3일
양도자	① 성명	② 주민등록번호	
	③ 전화번호	④ 거주지국	
	⑤ 주소 또는 거소		

국외 영주권 또는
시민권자의 양도 사례

앞에서 공부한 내용을 가지고 구체적으로 영주권자 등에 대한 국내 주택에 대한 양도세 비과세 전략에 대해 알아보자. 물론 다음에서 제시한 내용은 절대적인 기준은 아님에 유의하기 바란다.

1. 영주권자 등의 주택양도 사례

(1) 국외에서 장기체류 후 영주권을 취득한 경우

국외에서 가족들이 장기체류 후에 영주권을 취득한 때도 있다. 이는 해외이주법에 따른 현지 이주에 해당한다. 이는 소득령 제154조 제1항에 따른 1세대 1주택 비과세의 적용대상에 해당한다. 따라서 이러한 상황에서는 전 세대원이 영주권을 취득한 날이 출국일이 되므로 이날을 기준으로 2년 이내에 국내의 주택을 양도하면 비과세를 받을 수 있다.

※ **부동산 거래-1491, 2010. 12. 21**

국내에 1주택을 소유한 1세대가 해외이주법에 따라 현지 이주하는 경우로서 영주권 또는 그에 따르는 장기체류 자격을 취득한 날부터 2년 이내에 소유하던 1주택을 양도 하는 경우에는 소득령 제154조 제1항 제2호 나목에 따른 비과세 특례가 적용되는 것 이며, 이에 해당하는지의 확인은 현지 이주확인서, 거주 여권 사본, 주민등록표 등본에 의하는 것임.

(2) 영주권 취득 후 세대원 일부만 귀국 후 주택을 양도하는 경우

전 세대원이 외국 국적을 취득한 후 해외에 거주하다가 세대 구성원 중 일부만 단독 입국한 경우로서 국내에 생계를 같이하는 가족이 없고 그 직업 및 자산상태에 비추어 다시 입국해 주로 국내에 거주하리라고 인정되지 않는 한 '거주자'에게 적용되는 양도세 1세대 1주택 비과세 를 적용받을 수 없는 것이다(부동산-0873, 2011. 10. 17).

☞ 일부 세대원만 귀국한 경우에는 거주자로 인정받기가 힘들 수 있음에 유의해야 한다.

(3) 영주귀국을 한 후 주택을 양도하는 경우

영주귀국을 하면 거주자가 되므로 거주자 상태에서 양도하면 주택에 대한 비과세를 받을 수 있다.

2. 적용 사례

사례를 통해 앞의 내용을 확인해보자. 다음 자료를 보고 물음에 답해 보자.

- K씨는 5년 전 영국 시민권자가 되어 한국 국적을 포기 신고함. 배우자는 1년 전 영국의 영주권자에 해당함.
- 현재 경기도 고양시 일산에서 1주택을 공동명의로 보유 중임.
- 주택은 10년 전에 취득한 것임.

Q1 이 주택을 양도해 비과세를 받을 수 있는 조건은?

시민권 또는 영주권을 취득한 날로부터 2년 이내에 양도하면 비과세를 받을 수 있다. 따라서 이 경우 배우자가 영주권을 취득한 날로부터 2년 이내에 양도하면 출국에 따른 비과세가 가능할 것으로 보인다.

Q2 K씨 부부는 이 주택을 5년 후에 양도하려고 한다. 이 경우 비과세를 받을 수 있는 방법은?

이때에는 부부가 국내에 입국 후 183일 이상 체류하는 등의 요건을 충족해야 거주자로 인정받을 것으로 보인다.

Q3 K씨 부부는 국내에서 거주하지 않은 상태에서 5년 후에 이를 양도하고자 한다. 이때 양도세 신고는 어떻게 하는가? 그리고 송금절차 등은?

이에 대해 순차적으로 알아보자.

- 양도일(잔금)이 속한 날이 달의 말일로부터 2개월 이내에 부동산 소재지 관할 세무서에 양도세를 신고 및 납부한다.

- 영국으로 송금 시에는 '부동산 매각자금 확인서'를 외국환 은행에 제시해야 하며, 그 대상은 부동산 매각 후 5년 이내에 부동산 양도 가액 범위 이내의 금액에 대해 부동산 소재지 관할 세무서에서 발급받을 수 있다.*

  * 이때 관할 세무서는 금융 증빙과 부동산 매매계약서 및 임대차계약서 등에 따라 실질 거래내용과 입금 사실을 조사 및 확인하고, 양도세 등 비용들을 차감해 발급되는 것으로서, 부동산 매각자금 확인서의 발급 신청은 위임장을 첨부해 대리인이 신청할 수 있다.

- 이 외에 재외동포가 국내 원화 예금·신탁 계정 등 누계액이 미화 10만 달러를 초과해서 국외로 반출 시 외국환 거래규정에 따라 지정거래 외국환은행 또는 최종주소지 담당세무서장으로부터 '예금 등 자금출처 확인서'를 발급받아야 한다.

비거주자가 183일 이상 국내 체류 후 주택을 양도하는 경우

외국의 영주권자 등이 외국에서 오랜 생활을 하면 국내의 주택에 대해서는 비과세를 받기가 힘들어진다. 이때 국내로 잠깐 입국해 183일 이상의 기간을 채우려고 하는 경우가 종종 있다. 하지만 이 경우 양도세 비과세 받기가 다소 힘든 것이 현실이다. 조건이 까다롭게 변할 수 있기 때문이다. 다음에서 이에 대해 알아보자.

1. 외국에 장기체류 후의 국내 거주자 판단

제2장 등에서 봤듯이 이러한 상황에서 거주자에 해당하는지는 한국 내 거주기간(최소 183일 이상 거주), 한국에 직업이 있는지, 다른 가족의 거주지 및 재산보유 상태 등을 종합적으로 고려해 결정한다.

☞ 따라서 183일 이상 거주했다고 해서 무조건 국내 거주자로 인정받는다는 것은 아님에 유의해야 한다.

2. 적용 사례

사례를 통해 앞의 내용을 확인해보자. 다음 자료를 보고 물음에 답해
보자.

자료

- 2000년 서울에서 1주택을 취득함(거주한 적 없음).
- 2010년부터 해외에 이주해서 살고 있음.
- 2022년 5월 1일에 국내에 부부가 입국해 결혼한 자녀의 집에 동거인으로 살고 있음(거주 중에 해외여행 30일 감).
- 국내에는 자산이 없으며, 직업도 없는 상태임.
- 현재 본인(K씨)의 나이는 70세임.

Q1 K씨는 입국일로부터 2년이 지났다. 국내 거주자인가 아닌가?

앞의 정보만을 가지고는 단정 지을 수 없다. 소득법상 거주자인지 아
닌지 및 언제부터 거주자로 되었는지 등 제반 사실관계(국내 자산, 가족의
생활근거지, 출입국 내역, 직업 및 국내 경제활동 내역 등)를 확인해 관할 세무서에
서 최종적으로 사실 확인을 하기 때문이다.

Q2 만일 부부가 은퇴해서 직업이 없다고 하자. 이 경우 직업이 거주자
판단에 절대적인 영향을 미치는가?

아니다. 은퇴했기 때문에 다른 요소를 가지고 판단하는 것이 이치에
맞다.

(Q3) 사례의 경우 어떻게 해야 안전하게 비과세를 받을 수 있을까?

일단 입국 후 거주기간이 2년 이상이 되므로 거주자로 판정받을 가능성은 열려 있으나, 소득법상 거주자 여부는 다양한 요인을 고려해 관할 세무서에서 최종적으로 판단하기 때문에 이 경우에도 결론을 내리기가 좀 모호할 수 있다.

참고로 이와 관련해 챗GPT는 어떻게 답변하고 있는지 살펴보자.

📑 챗GPT 답변

한국의 거주자 여부를 확실히 알 수 있는 방법은 다음과 같습니다.

1. 외국인 등록증 발급

외국인이 한국에서 체류하려면 외국인 등록증을 발급받아야 합니다. 이 등록증은 구청 또는 동사무소에서 신청해 발급받을 수 있습니다. 외국인 등록증이 발급되면 그 자체로 한국에서의 거주를 증명하는 중요한 문서가 됩니다.

2. 세금 신고

한국에서 거주자로서 세금을 납부하는 경우, 세금 신고를 하게 되며, 이 과정에서 국내 거주자임을 증명해야 합니다. 세금 신고는 거주 상태를 확인하는 데 중요한 자료가 됩니다.

3. 비자 상태 확인

외국인이 한국에 체류하기 위해서는 해당 비자(주로 장기체류비자 등)를 보유하고 있어야 합니다. 이 비자의 유효기간 및 종류도 한국에서의 거주 상태를 판단하는 중요한 요소입니다.

4. 국세청 혹은 외교부 등 공식 기관 상담

국세청이나 외교부 등의 공식 기관에 문의해 자세한 정보를 확인할 수도 있습니다. 이들 기관은 거주 상태에 관한 법적 지침과 절차를 제공해줄 수 있습니다.

해외 주재원(거주자)의 양도 사례

국내 기업의 국외 사업장이나 해외 현지법인에 근무하는 임직원은 대부분 국내 거주자로 인정된다. 그렇다면 이들은 어떤 식으로 양도세 비과세를 받을 수 있을까?

1. 해외 출국에 따른 비과세의 적용

국내 거주자인 해외 주재원이 외국으로 파견근무를 가는 경우 두 가지의 형태로 비과세를 받을 수 있다. 하나는 소득령 제154조 제1항 제2호 다목(근무상 형편), 다른 하나는 소득령 제154조의 제1항(1세대 1주택으로 2년 이상 보유 등) 등에 따른 경우를 말한다. 먼저 전자에 대해 살펴보자.

(1) 1세대 1주택 비과세

해외 주재원이 가족과 함께 해외 출국한 경우 다음과 같은 요건을 충족하면 비과세를 받을 수 있다. 참고로 이 규정에 따르면 2년 보유 및 2년 거주요건을 적용하지 않는다.

- 출국일 현재 1주택*만을 보유할 것

  * 주거용 오피스텔, 조합원입주권, 2021년 이후 취득한 분양권도 주택수에 포함됨에 유의할 것

- 출국일로부터 2년 이내에 양도할 것

☞ 이 규정에 따라 비과세를 받기 위해서는 출국일 현재 1주택만을 보유해야 하므로 일시적 2주택 등에 대한 비과세를 적용하지 않는다. 이 규정은 국내 거주자로서 비과세 요건을 충족하지 못할 때 활용할 수 있다.

(2) 일시적 2주택 등 비과세

이 규정에 따라서는 일시적 2주택 비과세를 받을 수 없다.

☞ 거주자가 국외 사업장 등에 파견된 임원 또는 직원이나 국외에서 근무하는 공무원으로서, 주소 또는 거소의 국외이전을 위해 출국하는 날의 다음 날에 비거주자가 되지 않은 경우에도 소세령 154① 2호 다목(근무 등 국외 거주)은 적용받을 수 있는 것이나, 출국일 현재 국내에 2주택을 보유하고 있는 경우에는 적용받을 수 없는 것이다(부동산-1733, 2022. 4. 18).

2. 국내 거주자로서 비과세의 적용

해외 주재원이나 공무원은 국내 거주자로 인정되므로 일반적인 국내 거주자에 대한 비과세 혜택을 누릴 수 있다. 이를 정리하면 다음과 같다.

(1) 1세대 1주택 비과세

외국에 나가서 일하는 동안에도 국내 거주자로 인정되므로 양도일 현재 1세대 1주택으로 2년 보유(2년 거주)하면 비과세를 받을 수 있다.

(2) 일시적 2주택 등 비과세

해외 주재원 등이 외국에서 일하는 동안 국내의 주택을 일시적 2주택 등에 따라 주택을 양도하면 비과세를 받을 수 있다. 이에는 다양한 비과세 유형이 있다(동거봉양, 상속 등).

※ 양도, 부동산 거래관리과-0693, 2011. 8. 9

[제목]

해외 파견근무자의 일시적 2주택 양도세 비과세 여부

[요지]

거주자 또는 국내 법인의 국외 사업장 또는 해외 현지법인(100% 출자법인)에 파견된 임원 또는 직원이 생계를 같이 하는 가족이나 자산상태로 봐서 파견 기간의 종료 후 재입국할 것으로 인정되는 때에는 파견 기간이나 외국의 국적 또는 영주권의 취득과는 관계없이 거주자로 보는 것이며, 국내에 1주택을 소유한 거주자인 1세대가 그 주택을 양도하기 전에 다른 주택을 취득함으로써 일시적으로 2주택이 된 경우 다른 주택을 취득한 날부터 2년 이내에 종전의 주택을 양도하는 경우에는 이를 1세대 1주택으로 봐서 소득령 제154조 제1항을 적용하는 것임.

3. 적용 사례

사례를 통해 앞의 내용을 확인해보자. 다음 자료를 보고 물음에 답해보자.

자료

- K씨는 국내 기업의 국외 사업장으로 파견근무를 하고 있음.
- K씨는 혼자 출국을 했으며, 그의 가족은 국내에 체류하고 있고 향후 출국할 계획을 하고 있음.
- K씨는 5년 전 서울에서 1주택을 취득했으나 거주한 적이 없음.

- 이 주택은 5억 원에 취득했으나 현재 시가가 15억 원에 해당함.
- 이 주택은 2년 거주해야 소득령 제154조 제1항 본문에서 규정한 거주자에게 주어지는 비과세를 받을 수 있음.

Q1 K씨는 국내 거주자인가 비거주자인가?

Q2 K씨가 국내 거주자로서 이 주택을 양도하면 양도세 비과세를 받을 수 있는가?

Q3 K씨 혼자 해외 출국한 경우 소득령 제154조 제1항 제2호 다목에 따른 비과세를 받을 수 있는가?

Q4 K씨의 가족이 2년 후에 출국한 경우 소득령 제154조 제1항 제2호 다목에 따른 비과세를 받을 수 있는가?

Q5 K씨는 어떻게 하는 것이 본인에게 유리할까?

앞의 물음에 대해 챗GPT의 답변과 저자의 답변을 비교해보자.

📠 챗GPT 답변과 저자의 답변 비교

Q1 K씨는 국내 거주자인가 비거주자인가?

챗GPT의 답변 K씨는 현재 국내 기업의 국외 사업장으로 파견근무를 하고 있으며, 거주는 하지 않고 혼자 출국한 상태입니다. 국세법상의 거주자는 연속적으로 183일 이상 국내에 거주하는 상황에 해당합니다. 따라서 K씨는 비거주자로 분류됩니다.

저자의 답변 X(해외 주재원은 국내 거주자에 해당한다).

(Q2) K씨가 국내 거주자로서 이 주택을 양도하면 양도세 비과세를 받을 수 있는가?

챗GPT의답변 K씨가 비거주자이므로 국내 거주자로서의 양도세 비과세 혜택을 받을 수 없습니다.

저자의답변 ○(단, 과세사유는 2년 거주요건을 충족하지 못했기 때문이다)

(Q3) K씨 혼자 해외 출국한 경우 소득령 제154조 제1항 제2호 다목에 따른 비과세를 받을 수 있는가?

챗GPT의답변 소득령 제154조 제1항 제2호 다목은 '해외에 거주하는 사람이 국내에 자기 소유의 부동산을 처분하는 경우'에 해당합니다. K씨는 해외에 거주 중이므로, 이 조항에 따라 양도세를 비과세로 받을 수 있습니다.

저자의답변 ○(챗GPT의 답변과 같다)

(Q4) K씨의 가족이 2년 후에 출국한 경우 소득령 제154조 제1항 제2호 다목에 따른 비과세를 받을 수 있는가?

챗GPT의답변 K씨의 가족이 2년 후에 출국할 경우, 해당 시점에 가족이 양도하는 경우에 따라 소득령 제154조 제1항 제2호 다목에 따른 비과세 혜택을 받을 수 있습니다.

저자의답변 ○(챗GPT의 답변과 같다)

(Q5) K씨는 어떻게 하는 것이 본인에게 유리할까?

챗GPT의답변 K씨는 현재 비거주자로 분류되어 있으므로, 국내 거주자로 변경되는 것이 가장 유리합니다. 국내 거주자가 되면 양도세에서 비과세 혜택을 받을 수 있을 뿐만 아니라, 다양한 세금 혜택과 국내 금융 거래의 우대를 받을 수 있습니다. 따라서 K씨에게 유리한 것은 가능한 경우 국내에 연속적으로 183일 이상 거주해 거주자로 인정받는 것입니다.

저자의답변 △(이는 판단의 문제로 사례자가 비거주자를 전제로 함에 따라 이러한 식으로 조언을 하는 것으로 보인다)

참고로 앞의 챗GPT의 답변은 시간이 흘러가면서 점점 정교한 모습을 갖출 것으로 보인다.

비거주자의
재건축입주권 비과세

비거주자가 재건축(또는 재개발)입주권을 보유하고 있거나 재건축으로 완공된 주택을 보유하고 있을 수 있다. 이 경우 어떻게 해야 비과세가 적용되는지를 상황별로 살펴보자. 참고로 입주권은 절차상 관리처분계획인가일 이후의 주택에 입주할 수 있는 권리를 말한다.

1. 해외 출국으로 인한 비과세

해외 출국으로 인한 1세대 1주택 비과세는 출국일 현재 1주택을 보유한 경우에 적용되는 제도다. 그렇다면 이에 입주권도 해당 사항이 있을까?

(1) 출국일 현재 조합원입주권을 보유하고 있는 경우

이 경우에는 비과세가 적용되지 않는다. 다음의 심판례를 참조하자.

해외 이주로 세대 전원이 출국하는 경우 출국일 현재 1주택을 보유하고 출국일부터 2년 이내에 양도하는 경우 보유기간 및 거주기간의 제한 없이 비과세하는 바, 청구인은 출국일(영주권 취득일) 현재 주택이 아닌 조합원입주권을 보유하고 있는 경우로 비과세 규정 적용대상으로 볼 수 없다 할 것이므로, 1세대 1주택 비과세 적용을 배제한 처분은 잘 못이 없는 것으로 판단된다(조심 2019전 2185, 2020. 1. 9).

(2) 출국 후 조합원입주권으로 변환된 경우

출국일 당시에는 주택이었으나 출국 이후 조합원입주권이 된 경우에는 원칙적으로 비과세를 적용한다(단, 원조합원에 해당함). 다음의 해석을 참조하자.

※ 서면 4팀-690, 2005. 5. 4

국내에 1주택만 소유하고 있던 1세대가 해외 이민으로 인해 세대 전원이 출국해 비거주자인 상태에서 국내의 주택이 도시 및 주거환경정비법에 의한 재개발·재건축이 된 후 당해 주택을 양도하는 경우에, 동 주택이 고급주택이나 미등기 양도주택이 아니면 1세대 1주택으로 양도세가 비과세 되는 것이나, 조합원의 지위를 승계(취득)해 중도금을 불입하던 중 해외 이주 등의 사유에 의해 출국한 후 비거주자인 상태에서 완성된 주택을 양도하는 경우에는 앞의 비과세 대상 주택에 포함하지 않는 것임.

2. 거주자 신분 상태에서의 비과세

거주자가 된 이후에 재건축입주권 또는 완공된 주택을 양도하면 비과세를 받을 수 있다. 다음에서 이에 대해 간략히 정리해보자. 참고로 재건축입주권이나 완공된 아파트에 대한 양도세 세무처리법은 저자의 책(《재건축·재개발 세무 가이드북》)에 잘 정리되어 있다.

(1) 원조합원

① 입주권

거주자였을 때 취득한 주택이 재건축 등으로 입주권으로 변한 경우이를 양도할 때 다음과 같은 요건을 충족하면 비과세를 받을 수 있다.

- 양도일 현재 1입주권을 보유할 것
- 관리처분계획인가일과 철거일 중 빠른 날 현재 2년 이상 보유(거주)할 것

물론 여기서 2년 이상 보유 등은 국내 거주자로서의 보유기간 등으로 산정한다.

② 완공된 주택

재건축 등으로 완공된 주택은 공사 기간을 포함해 2년 보유기간을 따진다. 물론 국내 거주자로서의 보유기간을 의미한다. 참고로 고가주택을 양도하는 경우 장기보유특별공제 등은 일반주택과 다르게 계산된다.

☞ 1입주권과 1주택 등이 있는 경우에도 다양한 방법으로 거주자에 대한 비과세를 적용하고 있음도 알아두자. 물론 이 책에서는 이에 관해서 설명하지 않으므로 저자의 다른 책을 참조하기 바란다.

(2) 승계조합원

관리처분계획인가일 이후에 원조합원의 입주권을 승계한 조합원이 보유한 입주권에 대해서는 비과세가 적용되지 않는다. 이후 완공된 주택은 완공일로부터 2년 보유 등을 해야 비로소 1세대 1주택 비과세가 주어진다.

☞ 거주자가 1주택 보유 중에 입주권을 승계 취득한 경우에 종전 주택에 대해 비과세를 적용하는 때도 있다. 예를 들어 1주택 보유 중에 입주권을 승계 취득하면 이날을 기준으로 3년 이내에 주택을 처분하면 비과세를 적용하는 것을 말한다(일시적 2주택).

3. 적용 사례

사례를 들어 앞의 내용을 확인해보자. 다음 자료를 보고 물음에 답해보자.

> **자료**
>
> • K씨는 2000년 강남에서 1주택을 2억 원에 구입했음.
> • 현재 이 주택은 재건축 중임.
> • K씨는 외국의 영주권을 신청했음.

Q1 이 입주권을 출국하기 전에 양도하면 비과세를 받을 수 있는가?

그렇다. 국내 거주자에 해당하기 때문이다.

Q2 만일 K씨가 출국일로부터 2년을 벗어나면 비과세를 받을 수 없는가? 단, 영주권을 아직 못 받아 한국의 비거주자에 해당한다고 하자.

그렇다. 비거주자에 해당하기 때문이다.

Q3 Q 2에서 K씨와 그의 배우자가 영주권을 받았다고 하자. 이 경우 입주권에 대해 비과세를 받을 수 있는가? 단, 영주권 취득일 현재 입주권 상태라고 하자.

아니다. 영주권을 받은 날 현재 입주권이라면 비과세를 받을 수 없다고 보인다.

Q4 Q 2에서 K씨와 그의 배우자가 영주권을 받았다고 하자. 이 경우 입주권에 대해 비과세를 받을 수 있는가? 단, 영주권 취득일 현재 주택이 완공되었다고 하자.

출국일(영주권 취득일) 현재 주택이므로 비과세가 가능할 것으로 보인다.

Q5 앞의 Q 3와 Q 4의 답변 결과가 다르다. 왜 이러한 현상이 발생하는가?

출국일 현재 주택만 비과세를 적용하는데, 해외이주법에 따른 현지이주의 경우 영주권 취득일이 출국일로 대체되기 때문이다.

☞ 이러한 법 적용은 세법 원리상 문제가 있어 보인다. 따라서 원조합원의 경우 출국 당시 조합원입주권이라도 비과세를 적용하는 것이 타당해 보인다.

비거주자의
분양권 양도 사례

다음으로 비거주자의 주택 양도세 비과세와 관련해 주택분양권에 관한 내용도 추가로 알아둘 필요가 있다. 참고로 한국의 소득법(지방세법)에서는 분양권을 주택수에 포함(소득세는 2021. 1. 1, 지방세는 2020. 8. 12)해 다른 주택에 대한 비과세나 과세방식을 결정하고 있다.

1. 해외 출국으로 인한 비과세

분양권을 보유한 상태에서 해외 출국을 하면 주택을 보유한 것이 아니므로 이에 대해서는 비과세가 적용되지 않는다. 물론 출국 후에 분양권이 주택으로 완성된 경우에도 마찬가지다(조심 2020인 0490, 2021. 4. 5).*

* 이 경우 비거주자 상태에서 주택을 취득한 것으로 본다.

2. 거주자 신분 상태에서의 비과세

분양권이 완공된 날부터 국내 거주자로서 보유기간이 2년 이상이 되어야 원칙적으로 비과세가 적용된다.

3. 적용 사례

사례를 통해 앞의 내용을 확인해보자. 다음 자료를 보고 물음에 답해보자.

> **자료**
>
> • K씨는 1세대 1주택(비과세 요건 갖춤)과 2020년에 취득한 분양권을 가지고 있음.
> • K씨는 외국의 영주권을 신청했음.

Q1 이 주택을 출국하기 전에 양도하면 비과세를 받을 수 있는가?

그렇다. 국내 거주자에 해당하고 1세대 1주택에 해당하기 때문이다. 참고로 2020년에 취득한 분양권은 주택수에 포함되지 않는다.

Q2 만일 이 분양권이 2021년 이후에 취득한 분양권이라고 하자. 이 경우 K씨가 출국일로부터 2년 이내에 주택을 양도하면 비과세를 받을 수 있는가?

아니다. 이 경우 분양권도 주택수에 포함되기 때문에 2주택을 보유한 결과가 된다. 따라서 이 경우 비과세가 성립하지 않는다.

(Q3) 만일 이 분양권만 있는 상태에서 해외 출국을 했다고 하자. 이 경우 비과세가 성립하는가?

아니다. 출국일 현재 분양권에 대해서는 비과세를 적용하지 않는 것이 원칙이다. 다만, 다음과 같은 해석이 있으므로 이 부분을 참조해보자.

※ 서면 인터넷방문상담 5팀-1596, 2007. 5. 17

[제목]
일반분양 아파트를 분양받아 중도금 불입 중 해외 이주한 경우 비과세 해당 여부

[요약]
국내에서 신규 일반분양 아파트를 승계 취득해 중도금을 불입 중 해외이주법에 따른 해외 이주로 세대 전원이 출국한 후 당해 준공된 아파트를 양도하는 경우에는 소득법 제89조 제1항 제3호 및 같은 법 시행령 제154조 제1항 제2호 나목의 규정을 적용받을 수 있는 것이나, 해외이주법에 따른 해외 이주로 세대 전원이 출국할 것을 알면서도 주택을 분양받은 경우라면 동 규정을 적용받을 수가 없는 것으로서 귀 질의의 경우가 어느 것에 해당하는지 사실 판단할 사항임(주의).

비거주자의 주택임대사업자 거주주택 비과세 특례

비거주자 중 국내에 다주택을 가지고 있는 경우 비과세를 받을 가능성은 상당히 희박하다. 이러한 상황에서 극히 드물지만, 주택임대사업자등록을 생각하는 때도 있다. 거주주택에 대한 비과세 등을 받을 수 있지 않을까 해서다. 그렇다면 국내 세법은 비거주자에게도 이러한 혜택을 줄까? 다음에서 이에 대해 알아보자.

1. 거주주택 비과세

(1) 거주자

관할 구청에 임대등록 및 관할 세무서에 사업자등록을 한 주택임대사업자는 2년 거주하고 있는 주택에 대해서는 비과세를 받을 수 있다. 단, 이 혜택을 받기 위해서는 다음과 같은 요건을 충족해야 한다.

구분	내용	비고
임대주택	• 관할 지자체에 민간임대주택으로 등록할 것 • 관할 세무서에 사업자등록을 할 것 • 주택의 기준시가의 합계액이 해당 주택의 임대 개시일 당시 6억 원(수도권 밖은 3억 원)을 초과 하지 않을 것 • 등록 후 5·8·10년 이상 임대할 것(2020년 7월 10일 이전 등록분은 5년 이상을 임대하면 됨)	2020. 8. 18 이후부터 아파트는 등록 불가
거주주택	• 1세대 1주택(일시적 2주택 포함)에 해당할 것 • 2년 이상 보유할 것 • 2년 이상 거주*할 것	2019. 2. 12 이후 취득분 은 평생 1회만 비과세를 적 용함. 단, 이날 현재 거주하 고 있는 주택 등은 회수에서 제외함.

* 2년 이상 거주요건은 등록 이전의 것도 인정하며, 양도일 현재 반드시 거주할 필요는 없다. 이 요건을 전국적으로 적용된다.

(2) 비거주자

비거주자도 관할 시군구청에 임대등록하고 관할 세무서에 사업자등 록을 낼 수 있다. 그렇다면 임대주택 외 거주주택 비과세를 받을 수 있 을까?

원래 주택임대사업자의 거주주택 비과세는 소득법 제89조 제1항 제 3호 나목에서 위임된 소득령 제155조 제20항에서 규정되어 있다. 그 런데 이 규정은 국내 거주자에게 적용되므로 거주주택에 대해 비과세 를 받기 위해서는 양도일 현재 국내 거주자가 되어 있어야 한다.

☞ 이러한 이유로 비거주자가 국내에서 주택임대사업자등록을 내는 것이 실익이 없 는 경우가 많다. 기타 세목별 세제 혜택은 이 장의 [절세 탐구]에서 확인하기 바 란다.

2. 적용 사례

사례를 통해 앞의 내용을 확인해보자. 다음 자료를 보고 물음에 답해 보자.

> **자료**
>
> • K씨 가족은 5년 거주한 주택 외 임대사업자등록을 한 주택 2채 등 모두 3채를 보유하고 있음.
> • K씨 가족은 배우자의 유학으로 세대원 전원이 캐나다로 이주했음.
> • K씨 가족은 출국 후 모두 K씨 부친의 집 주소에 동거인으로 되어 있음. 그의 부친은 1주택자에 해당함.

Q1 K씨가 거주한 주택은 소득령 제155조 제20항에 따라 비과세할 수 있는가?

K씨가 국내 거주자인 상태에서 이를 양도하면 비과세가 가능하다.

Q2 만일 K씨 가족이 출국한 상태에서 2년 이내에 거주주택을 양도하면 비과세할 수 있을까?

아니다. 해외 출국으로 인한 비과세는 출국일 현재 1주택만을 보유해야 하기 때문이다(사전 – 2019 – 법령해석재산-0188, 2019. 8. 20 등).

Q3 Q 2의 연장 선상에서 비과세를 받기 위해 K씨만 국내로 들어와 183일 이상 체류했다고 하자. 이 상태에서 5년 거주한 주택을 양도하면 비과세를 받을 수 있을까?

K씨가 이에 해당하는지는 거주기간, 직업, 국내에서 생계를 같이하

는 가족 및 국내에 소재하는 자산의 유무 등의 사실관계 등을 종합적으로 고려해 판단할 사항이다.

※ 장기임대주택 특례를 적용받는 거주자의 거주주택 양도일 현재 배우자가 비거주자 (해외 출국)인 경우 1세대 1주택 특례적용 시 거주요건 판정(사전-2020-법령해석재산-0143, 2020. 6. 29)

소득령 155조 제20항 및 같은 령 제154조 제1항에 따라 1세대 1주택 비과세를 적용함에 있어, '거주'란 거주자 및 그 배우자가 그들과 동일한 주소 또는 거소에서 생계를 같이하는 가족과 함께 구성하는 1세대 전원이 함께 거주하는 경우를 의미하는 것임. 다만, 세대원의 일부가 부득이한 사유(취학, 질병의 요양, 근무상 또는 사업상의 형편)로 일시 퇴거해 당해 주택에서 거주하지 못한 경우에도 나머지 세대원이 거주한 경우에는 거주요건을 충족한 것으로 보는 것이나, 귀 사전답변 신청의 사실관계가 이에 해당하는지에 대해서는 사실을 종합해 판단할 사항임.

☞ 이처럼 비과세를 받기 위해 일부 세대원만 귀국한 경우에는 자칫 비거주자로 몰릴 가능성이 있다. 따라서 이러한 상황에서는 국내에서 직업을 확보해 충분히 거주한 후에 양도하는 것이 좋을 것으로 보인다.

개인이나 법인이 임대주택을 관할 지자체와 관할 세무서에 등록하면 한국 세법에서 다양한 혜택을 부여하고 있다. 그런데 세목별로 거주자와 비거주자에 대한 세제 혜택의 내용이 다른데 다음에서 간략히 정리해보자. 자세한 내용은 저자의 《주택임대사업자의 등록말소주택 절세 가이드북》 등 다른 책을 참조하기 바란다.

구분		거주자	비거주자
취득세	취득세 감면	적용	좌동
재산세	재산세 감면	적용	좌동
임대소득세	2,000만 원 이하 분리과세	적용	좌동
종부세	1세대 1주택 특례	적용	적용 X
	임대주택 합산배제	적용	좌동*
임대소득세	임대소득세 감면	적용	적용 X
양도세	거주주택 비과세	적용	적용 X
	양도세 중과세 제외	적용	좌동
	양도세 감면(100%)	적용	적용 X
	장기보유특별공제 특례 (50~70%)	적용	적용 X(단, 40%는 가능)

* 비거주자의 주택임대사업자 세제 혜택은 종부세 합산배제 정도에 그치며, 정작 양도세에서는 세제 혜택이 주어지지 않아 등록 인원수가 많지 않으리라고 추정된다.

국내 거주자가 해외로 출국하기 전과 출국 후 그리고 입국 후에 주택에 대한 과세방식이 어떤 식으로 변화하는지를 최종 정리해보자.

1. 출국 전

국내에서 해외로 이주를 하기 전에는 국내 거주자와 동일한 규정을 그대로 적용받는다. 따라서 주택의 경우 1주택을 보유하고 있는 상태에서 비과세 요건을 갖추었다면 비과세를 받을 수 있다.

2. 출국~2년 내

출국일로부터 2년 이내에 양도하면 비거주자 상태에서 양도해도 거주자에 대한 1세대 1주택 비과세를 받을 수 있다. 그런데 해외 이주로 비거주자가 된 상태에서 국내의 주택을 취득한 뒤 양도한 경우 해외 이주로 인한 비과세 혜택을 받지 못한다. 다음의 내용도 알아두면 유용할 것으로 보인다.

구분	내용
비과세대상 주택임을 입증할 수 있는 서류는?	• 해외 이주의 경우 : 외교통상부 장관이 발행하는 해외 이주 신고 확인서 • 해외 근무 등 : 재직증명서, 발령통지서, 출국확인서 등
이 주택은 언제 취득해야 하는가?	거주자 상태에서 취득해야 한다. 따라서 출국 이후에 비거주자 상태에서 취득하면 비과세를 받을 수 없다.
세대원의 일부가 출국하지 않았다면?	원칙적으로 전 세대원이 출국해야 한다. 다만, 일부 세대원이 남아 있는 경우에는 다음에 따라 과세판단을 한다. • 세대원 일부만 출국하는 경우에는 원칙적으로 비과세를 받지 못하지만, 근무상 형편 등 부득이한 사유로 출국하지 못했다면 비과세를 적용한다.

구분	내용
	• 출국하지 않는 세대원이 독립세대 구성 요건에 해당하는 경우에는 예외적으로 비과세를 적용한다.
출국일로부터 언제 처분해야 하는가?	출국일로부터 2년 이내에 양도해야 보유 및 거주기간의 제한 없이 양도세를 비과세한다.
1입주권이 있다면?	• 출국 후에 입주권으로 변환된 경우 : 비과세가 가능하다(서면 5팀-627, 2008. 3. 24 참조). • 출국 시에 입주권을 보유한 경우 : 비과세가 불가능하다.
신규아파트를 분양받아 중도금을 불입하던 중 해외 이주를 하는 경우 비과세를 받을 수 있을까?	국내에서 신규아파트를 분양받아 중도금을 불입하던 중 해외이주법에 따른 해외 이주로 전 세대원이 출국한 후 당해 준공된 아파트를 양도하는 경우 비과세가 가능하다(재산 46014-1684, 1999. 9. 14).
1주택과 1분양권 상태에서 1주택을 출국일로부터 2년 이내에 양도하면 비과세가 적용될까?	• 2020년 12월 31일 이전 취득한 분양권 : 주택에 해당하지 않으므로 비과세 규정이 적용된다. • 2021년 1월 1일 이후 취득한 분양권 : 주택수에 포함되므로 이 경우 비과세를 받을 수 없다.

3. 출국 후 2년이 경과한 후

해외에 출국한 상태에서는 앞에서 본 규정에 따라 양도세 비과세를 받지 못하면 비거주자로서 양도세가 부과된다.

(1) 비거주자에 대한 양도세 과세방식

비거주자는 국내 부동산에 대해서는 국내 세법에 따라 양도세를 내야 한다.

(2) 매수자의 원천징수의무

비거주자의 부동산을 매수한 자가 법인이면 원천징수 의무가 있다. 다만, 양도세 신고를 했음을 확인*받으면 이 의무가 면제된다.

* 즉, 비거주자 중 재외국민이 인감증명 발급을 위해 세무서를 경유하면서 부동산 양도소득에 대한 예정 신고·납부를 하고 확인서를 발급받아 매수자에게 제시하면 매수자의 원천징수 의무는 면제된다. 그 과 정에서 양도세가 납부되기 때문이다.

※ 출국 이후 알아두면 좋은 주택 관련 양도세 비과세와 과세 사례

- 상속주택을 받은 후 양도한 경우
  비거주자인 상태에서 취득한 상속주택을 비거주자인 상태에서 양도하는 경우에는 해외 이주 및 근무 등 국외 거주의 규정을 적용받을 수 없는 것이다(서면 4팀-1603, 2006. 6. 5).
- 증여받은 주택을 양도한 경우
  1세대 1주택 비과세는 원칙적으로 거주자에게 적용되는 것으로서, 비거주자인 상태에서 증여받은 주택을 비거주자인 상태에서 양도할 때는 1세대 1주택 비과세대상에 해당하지 아니한다(재산-1576, 2008. 7. 9).
- 출국한 상태에서 주택을 추가 구입해 2주택이 된 경우
  ① 기존주택을 먼저 처분한 경우(과세)
    비거주자가 된 후에 다른 주택을 취득해 2주택자가 된 후에 양도하는 경우에는 '비과세 특례'의 규정을 적용받을 수 없으므로 양도세가 과세되는 것이다(서면 4 팀-551, 2006. 3. 13).
  ② 추가로 취득한 주택을 먼저 처분한 경우(비과세)
    거주자로서 국내에서 1주택을 소유하다가 국외로 이주한 후 '추가'로 주택을 취득 했더라도 그 추가로 취득한 주택을 먼저 처분한 다음 출국일(해외이주법에 따른 현 지 이주의 경우 출국일은 영주권 또는 그에 준하는 장기체류 자격을 취득한 날임)부터 2년 이내에 당초 소유하던 주택을 양도한 때도 적용되는 것이다(부동산-1183, 2010. 9. 28).
- 중도금 불입 후 근무상 형편으로 출국하는 경우
  국내에서 1주택을 매입하는 계약을 체결해 중도금 불입 후 1년 이상 계속해 국외 거 주해야 하는 근무상의 형편으로 세대 전원이 출국한 후 해당 취득한 주택을 출국일

부터 2년 이내에 양도하는 경우로서 양도일 현재 다른 주택의 소유 사실이 없는 경우에는 보유기간 및 거주기간에 제한 없이 양도세가 비과세 되는 것이다(부동산-458, 2010. 3. 24).

☞ 출국 사유가 '근무상 형편'이므로 국내 거주자에 해당할 가능성이 크다. 따라서 이 경우 출국일 현재에는 비로 주택을 취득한 것이 아니므로, 비과세를 적용할 이유는 없지만, 해석을 통해 비과세를 해주는 것으로 보인다.

4. 입국 후

국내로 귀국해 국내에서 살 것으로 인정되면 해외 이주에 의한 비과세 혜택은 받지 못한다. 이때는 국내 거주자들과 똑같이 보유 및 거주 요건을 갖춰야 한다. 다만, 보유기간 등은 입국 전후의 거주자로서 보유기간 등을 통산한다.

구분	내용
해외 이주로 출국 후 재입국해 비과세를 받을 수 있을까?	해외이주법에 따라 해외 이주를 하면 출국 전 보유 및 거주기간과 재입국한 이후의 보유 및 거주기간을 통산한다.
재입국을 한 상태에서 양도하면?	비거주자에서 거주자로의 신분이 바뀌었기 때문에 거주자처럼 2년 보유 및 2년 거주요건(서울 등)을 갖추어야 비과세를 적용한다.
해외 체류기간도 보유 및 거주기간으로 인정되는가?	• 해외 이주에 의해 출국한 경우 거주자의 지위를 상실했으므로 해외 체류기간은 보유 및 거주기간을 통산하지 않는다. • 근무상 형편 등에 의해 출국한 경우 거주자의 지위를 상실하지 않았으므로, 해외 체류기간은 보유 및 거주기간에 통산된다.

거주자 → 비거주자 → 거주자로 변경 시 보유기간 등 산정법

구분			거주자	비거주자	거주자
1. 비과세	보유기간 통산		○	X	○
	거주기간 통산		○	X	○
2. 장기보유특별공제	별표 1(6~30%) 통산		○	○	○
	별표 2(20~80%) 통산*	보유기간	○	X	○
		거주기간	○	X	○
3. 세율	보유기간 통산		○	○	○

* 1세대 1주택 고가주택에 대한 장기보유특별공제는 별표 1과 별표 2 중 큰 공제율을 적용함.

양도세나 증여세 등을 줄이기 위해 가족 등 특수관계인에게 부동산을 증여한 후에 증여받은 자가 이를 양도하거나, 아예 처음부터 저가로 양도하는 때도 있다. 전자의 경우에는 취득가액을 높여 양도차익을 줄이는 목적으로, 후자는 매수자에게 증여하는 목적으로 추진한다. 그런데 세법은 이러한 행위를 용인하지 않는다. 그렇다면 이러한 제도가 비거주자에게 적용되는지 알아보자. 참고로 이에 대한 자세한 내용은 저자의 《가족 간 부동산 거래 세무 가이드북》 등에 자세히 정리되어 있다.

1. 취득가액 이월과세제도

증여를 거친 부동산을 10년(2022년 이전 증여분은 5년) 이내에 양도하면 취득가액을 증여자의 것으로 해서 과세할 수 있는데 이를 취득가액 이월과세제도라고 한다. 그렇다면 이 제도는 비거주자에게 적용할까?

일단 소득법 제97조의 2 제1항에서는 다음과 같이 규정하고 있다.

> 거주자가 양도일부터 소급하여 10년 이내에 그 배우자(양도 당시 혼인관계가 소멸된 경우를 포함하되, 사망으로 혼인관계가 소멸된 경우는 제외한다) 또는 직계존비속으로부터 증여받은 제94조 제1항 제1호에 따른 자산이나 그 밖에 대통령령으로 정하는 자산의 양도차익을 계산할 때 양도가액에서 공제할 필요경비는 제97조 제2항에 따르되, 다음 각호의 기준을 적용한다(생략).

이를 보면 취득가액 이월과세는 양도자가 거주자인 경우에 적용된다. 물론 증여받은 대상은 '배우자와 직계존비속'으로 한정하며 이들이 거주자인지 비거주자인지를 가리지 않는다.

※ 이월과세 적용대상

이월과세 적용대상은 배우자와 직계존비속으로 한정되어 있다. 며느리나 사위 등을 포함되지 않는다.

구분	포함	제외
① 배우자	법률혼 배우자 포함(사실혼 제외) ☞ 양도 당시 혼인 관계가 소멸한 경우 포함	사망으로 혼인 관계가 소멸된 경우 제외
② 직계존비속	포함	직계존비속 외(사위, 며느리 등)

사례

사례를 통해 앞의 내용을 간략히 확인해보자. 다음 자료를 보고 물음에 답해보자.

자료

• 국내에서 직장생활하는 K씨는 미국에 거주한 부친으로부터 국내의 주택을 증여받았음.
• K씨는 증여를 받은 날로부터 이 주택에서 3년 정도 거주하고 있으며 그는 1세대 1주택 비과세 요건을 갖추고 있음.

Q1 K씨가 증여받은 주택을 양도하면 비과세를 받을 수 있을까?

그렇다. 다만, 고가주택은 과세가 된다.

Q2 만일 K씨가 양도한 주택이 고가주택이면 이월과세가 적용될까?

고가주택의 양도차익 중 비과세는 이 제도가 적용되지 않는다. 이월과세는 양도세가 과세되는 것을 전제로 하기 때문이다. 하지만 과세되는 부분에 대해서는 이 제도가 적용된다. 즉, 과세되는 양도차익을 계산할 때 부친이 취득할 당시의 취득가액을 사용해 이를 계산하게 된다는 것이다. 이렇게 되면 증여받은 당시의 취득가액 등을 사용한 것과 비교해 양도세가 더 증가할 수 있다. 물론 그 반대가 되면 이 제도가 적용되지 않는다. 국가 입장에서 더 손해가 발생하기 때문이다.

Q3 만일 양도한 주택에 대해 비과세가 성립되지 않으면 어떻게 해야 할까?

이 경우에는 증여받은 날로부터 10년(2022년 이전 증여분은 5년) 이내에 양도하면 증여자의 취득가액 등을 사용해 양도차익을 계산해 과세하게 된다. 물론 자녀가 낸 증여세와 자녀가 취득한 가액을 기준으로 계산된 양도세가 더 많으면 이월과세를 적용할 이유가 없다.

2. 저가 양도 등 부당행위계산 부인

이는 거주자의 행위 또는 계산이 그 거주자의 특수관계인*과의 거래로 인해 그 소득에 대한 조세 부담을 부당하게 감소시킨 것으로 인정되는 경우에는 그 거주자의 행위 또는 계산과 관계없이 해당 과세기간의 소득금액을 계산할 수 있도록 하는 제도를 말한다(소득법 제101조 제1항).

* 특수관계인에는 국내 거주자뿐만 아니라 비거주자를 포함한다. 따라서 외국에 나간 자녀에게 저가 양도하는 경우 이 규정이 적용된다.

☞ 이처럼 비거주자가 국내의 거주자에게 저가 양도의 경우 부당행위계산은 적용되지 않는다. 이는 양도소득이 있는 국가의 세법 체계에 따르기 때문이다. 다만, 국내 거주자가 저가 양수에 따라 얻은 이익에 대해서는 수증자가 거주자이므로, 국내에서 증여세가 과세될 수 있을 것으로 보인다. 물론, 증여세 과세요건(30% 이상 차이 등)을 갖추어야 한다.

저가 양도에 대한 세목별 규제원리

구분	양도세	취득세	증여세
규정	부당행위계산 (소득법 제101조)	부당행위계산 (지법 제10조의 3)	이익의 증여 (상증법 제35조)
적용대상	특수관계인	좌동	특수관계인이 아닌 경우도 적용
과세내용	시가로 과세	시가로 과세	증여이익에 대해 증여세 과세 ☞ 증여이익 : (시가-대가)- Min[시가의 30%, 3억 원]**
적용요건	시가의 5% 이상 차이가 나는 경우 또는	좌동(5%)	30%*
	시가와 거래가의 차이가 3억 원 이상	좌동(3억 원)	좌동(3억 원)

* 특수관계인이 아닌 경우에는 30% 기준만 적용한다.

** 특수관계인이 아닌 경우에는 증여이익 계산 시 차액(시가-대가)에서 3억 원을 차감한다(특수관계인과는 적용 기준에서 차이가 있다).

사례

사례를 통해 앞의 내용을 간략히 확인해보자. 다음 자료를 보고 물음에 답해보자.

자료

- 국내에서 직장생활하는 K씨는 미국에 거주하고 있는 부친으로부터 국내의 주택을 30% 이상 싸게 구매했음.
- K씨는 주택을 구입한 날로부터 이 주택에서 3년 정도 거주하고 있으며, 1세대 1주택 비과세 요건을 갖추고 있음.

Q1 K씨의 부친은 미국의 거주자다. 앞에서 본 취득가액 이월과세나 저가 양도에 따른 부당행위계산제도가 적용될까?

아니다. 이 제도는 국내에서 양도세를 신고(즉, 양도)하는 거주자에 적용하는 규정이다.

Q2 K씨는 비거주자로부터 부동산을 시가보다 30% 이상 차이나게 샀다. 이 경우 증여세 과세문제가 있는가?

그렇다. 수증자가 거주자에 해당하면 국내외에서 발생한 증여에 대해 과세하기 때문이다. 다만, 증여세가 과세되는 요건(30%, 3억 원)에 해당해야 한다.

Q3 K씨가 증여세 신고를 하지 않은 상태에서 양도한 후 신고를 하지 않았다면 발각될 가능성은 얼마나 될까?

양도 사실은 국세청이 알 수 있으나 이러한 사실을 얼마나 잘 파악하는지는 불분명하다.

제 **7** 장

비거주자와
상속세 세무처리법

상속 발생 시 업무절차

상속세는 자연인(개인)이 사망할 때 상속재산에 대해 무차별적으로 발생하는 세금이다. 이러한 재산의 범위에는 부동산은 물론이고 금융 자산, 자동차, 특허권 등 모든 재산이 포함된다. 따라서 재산이 많을수록 상속세 과세에 노출되게 된다. 다음에서는 비거주자의 국내 재산(부동산 등)에 대한 상속세 과세에 앞서 상속이 발생하는 경우 어떤 식으로 상속 업무가 진행되는지 대략 알아보자.

1. 상속 발생 시의 주요 업무절차

상속이 발생하면 다음과 같은 절차로 상속 관련 업무 관련 절차가 진행된다. 이 외에도 행정기관별로 취할 조치는 244페이지의 [Tip]을 참조하기 바란다.

구분	거주자	비거주자
사망신고	1개월 내	(해당 국가별 확인)
등기기한	6개월 내	9개월 내
상속세 신고	상속개시일 말일로부터 6개월 내	상속개시일 말일로부터 9개월 내
상속세 결정	신고기한 경과 후 9개월	좌동

2. 상속 발생 시 상속세 신고 준비

상속이 발생하면 상속세 신고를 위해서 다음과 같은 순서로 준비를 해야 한다. 비거주자를 중심으로 상속세 계산구조를 통해 이에 대해 알아보자.

구분	비거주자	비고(거주자)
총상속재산가액	▪ 상속재산가액(국내 소재 상속재산 + 국내 소재 간주상속재산) + 상속개시 전 처분재산 등 산입액	국외 소재한 재산포함
-		
비과세 및 과세가액 불산입액	▪ 비과세 : 금양임야, 문화재 등 ▪ 과세가액 불산입재산 : 공익법인 등에 출연한 재산 등	좌동
-		
공과금·채무	▪ 해당 상속재산의 공과금 ▪ 해당 상속재산을 목적으로 하는 전세권·임차권·저당권 담보채무는 공제 사망 당시 국내 사업장의 확인된 사업상 공과금·채무 공제	장례비용, 모든 공과금, 증여채무 등 (차이)
⇓		
사전증여재산	▪ 합산대상 사전증여재산(상속인 10년, 기타 5년, 단 특례세율 적용 증여재산인 창업자금, 가업 승계주식은 기한 없이 합산)	좌동
+		
상속세과세가액		

구분	비거주자	비고(거주자)
-		
상속공제*	■ 기초공제 2억 원 ■ 공제적용 한도액 적용	배우자상속 공제 등 적용 (차이)
-		
감정평가수수료	■ 부동산 감정평가업자의 수수료 500만 원 한도 등	좌동
⇓		
상속세과세표준		
×		

세율	과세표준	1억 원 이하	5억 원 이하	10억 원 이하	30억 원 이하	30억 원 초과	
	세율	10%	20%	30%	40%	50%	
	누진 공제액	없음.	1,000만 원	6,000만 원	1억 6,000만 원	4억 6,000만 원	

구분	비거주자	비고(거주자)
⇓		
산출세액	■ (상속세 과세표준×세율)-누진공제액	좌동
+		
세대생략할 증세액	■ 상속인이나 수유자가 피상속인의 자녀가 아닌 직계 비속이면 할증함(단, 직계비속의 사망으로 최근친 직계 비속에 상속하는 경우에는 제외).	좌동
-		
세액공제	징수유예, 증여세액공제, 단기 재상속세액공제, 신고세 액공제	좌동
-		
연부연납·물납·분납		
⇓		
자진납부할 세액		

* 비거주자에 대해서는 기초공제 2억 원만 적용된다. 이에 따라 국내에 재산이 많으면 국내에서 상속세
가 크게 나올 가능성이 크다. 따라서 국내에 재산이 많은 비거주자는 국내복귀를 해 거주자 상태에서

상속세 신고 및 납부를 준비해야 할 것으로 보인다. 물론 상대국의 거주자로 인정되면 그곳에서 상속세가 나올 수 있으나, 일반적으로 한국과 몇몇 나라를 제외하면 대부분 국가는 한국보다 세율 등이 약하기 때문에 이중과세문제가 발생할 가능성은 그리 커 보이지 않는다.

비거주자의 관점에서 신고에 필요한 목록 등을 정리하면 다음과 같다. 이들이 비거주자의 상속세 계산에 필요한 핵심요소에 해당한다. 이에 대한 자세한 내용은 잠시 뒤에 살펴본다.

구분	내용	비고
재산목록	상속 시 발생한 국내의 모든 재산	부동산, 예금, 그림 등 재산적 가치가 있는 것들
	상속 전 인출한 예금, 처분한 부동산	상속추정제도의 적용
	금양임야, 문화재, 공익법인 출연재산	상속세 비과세 항목
공과금·채무	국내 상속재산과 관련된 공과금과 채무 (상가 전세보증금 등)	거주자와 다르게 적용
사전증여재산	• 상속인 : 10년 내 증여한 재산 • 상속인 외 : 5년 내 증여한 재산	국내에서 증여세가 과세된 재산으로 상속세 합산과세 기간 내의 재산을 말함.

비거주자에 대한 상속세는 앞의 내용을 파악한 후 상속공제를 적용한 과세표준에 세율*을 곱해 계산한다.

* 한국의 상속세율과 증여세율은 10~50%다. 물론 이 세율은 국회에서 다른 세율로 변경될 수 있다. 2025년 세법개정안에 의하면 10~40%다(268페이지 참조).

Tip 상속 후 행정기관별 후속 조치

기관별	취급사무
행정안전부 (지방세운영과)	• 취득세 신고납부(상속개시일이 속하는 달의 말일부터 6개월)
식품의약품안전처 (식품정책조정과)	• 상속에 의한 지위 승계(양도양수) 신고 – 식품 영업, 공중위생영업의 경우
국토교통부 (국가공간정보센터)	• 사망자 토지 소유 조회(시·군·구 위탁사무) • 조상 땅 찾기 서비스
국토교통부 (자동차운영과)	• 상속에 의한 자동차 이전등록 신청(시·군·구 위탁사무)
각 세무관서	• 상속세 신고납부
가정법원 (총무과)	• 상속재산 포기 심판청구 • 한정승인 심판청구
법원행정처 (부동산 등기과) 각 등기소	• 상속으로 인한 소유권이전등기 • 협의분할에 의한 상속으로 인한 이전등기신청 • 협의분할로 인한 상속에 의한 소유권 경정등기신청 • 유증으로 인한 소유권이전등기신청 • 재산분할 협의 절차 기타
금융감독원 (소비자 보호 총괄국)	• 사망자 금융재산 조회(은행, 증권회사, 보험회사의 조회결과 를 금융감독원 홈페이지 www.fss.or.kr에서 확인 가능)
국민연금공단	• 유족연금 지급 청구 • 미지급 급여청구 • 반환일시금 지급 청구 • 사망일시금 지급 청구
국민건강보험공단	• 건강보험 해지신청
관할 세무서	• 사업자등록 갱신(부가가치세, 소득세 등 신고) • 기타
기타	• 예금, 보험, 카드 해지 • 인터넷, 휴대폰 해지 • 기타

☞ 상속인 중 영주권자(국민)와 시민권자(외국인)가 있는 경우에는 협의분할 계약서 작성 시 입국해 직접 서명하거나, 타국에서 공증을 받을 수도 있다. 자세한 내용은 등기 전문가 등을 통해 확인하기 바란다.

비거주자의 상속세 계산 전 필수적으로 알아야 할 것들

비거주자의 국내 재산에 대한 상속세 과세는 재산이 파악되면 상속 공제(2억 원)를 적용한 과세표준에 세율을 곱해 계산한다. 따라서 거주 자와는 달리 계산방법이 아주 단출하다. 그런데 정확한 상속세 계산을 위해서는 앞에서 본 핵심요소 정도는 파악하고 있을 필요가 있다. 다음 에서 주요 항목별로 이에 관한 내용을 알아보자.

1. 재산목록

상속세 과세대상인 상속재산은 피상속인(사망자)에게 귀속되는 모든 재산을 말하며, 다음의 물건과 권리를 포함한다. 따라서 비거주자가 사 망한 날 현재 국내에서 보유한 재산 모두를 파악해야 한다.

- 금전으로 환산할 수 있는 경제적 가치가 있는 모든 물건(부동산, 예금, 그림 등)
- 재산적 가치가 있는 법률상 또는 사실상의 모든 권리(특허권 등)

사례

K씨는 국내 비거주자인 상태에서 사망했다. 다음 물음에 답해보자.

Q1 사망신고는 국내에서 해야 하는가?

이에 대해서는 챗GPT의 도움을 받아보자.

챗GPT 답변

사망신고는 통상적으로 사망한 국가의 관할 기관에 해야 합니다. K씨가 국내 비거주자라면, 사망신고는 그가 사망한 국가의 해당 기관에 신고하는 것이 일반적입니다. 그러나 K씨가 한국 국적을 가지고 있다면, 한국의 가족관계등록부에도 사망신고를 하는 것이 필요할 수 있습니다. 이 경우, 해외에서 발행된 사망증명서를 한국 대사관이나 영사관을 통해 한국으로 송부해 신고할 수 있습니다.

Q2 국내에 상가를 보유하고 있다. 상가재산평가는 어떻게 하는가?

이 부분이 상속 부동산에서 가장 핵심적인 부분이 된다. 이를 어떤 식으로 평가하는지에 따라 세금의 크기가 달라지기 때문이다. 다음에서는 대략적인 내용만 기술한다. 이에 관한 자세한 내용은 저자의 다른 책《상속·증여 세무 가이드북》,《가족 간 부동산 거래 세무 가이드북》 등을 참조하기 바란다.

- 시가(매매사례가액, 감정평가액 등 포함)가 있으면 이를 기준으로 평가한다.
- 시가가 없으면 보충적 평가법(기준시가, 임대료 환산가액)으로 평가한다. 단, (추정)시가와 기준시가 등으로 평가한 금액의 차이가 10억 원(2025년 5억 원) 이상이라면, 국세청에서 감정평가받은 금액으로 상속세를 수정한다. 이때에는 감정평가를 받아 신고하는 방법을 생각해야 한다.

Q3 K씨는 국내에서 그림을 보유하고 있다. 이 부분에 대해서도 과세가 될까?

원칙적으로 해야 한다. 이를 하지 않으면 탈세가 되는 것이며, 가족 간의 상속 분쟁의 씨앗이 되기 때문이다. 그림 가격은 전문감정기관을 통해 확인할 수 있다.

2. 상속추정재산

이 제도는 조만간 상속이 발생할 것을 예상하고 미리 재산을 처분하거나 예금을 인출하는 경우 그에 대한 용도를 상속인이 입증하도록 하는 제도를 말한다. 만약 이를 입증하지 못하면 일정한 금액을 상속재산가액에 합산한다.

구분	상속개시일 전 1년 이내	상속개시일 전 2년 이내
재산 처분	처분가액 2억 원 이상 시	처분가액 5억 원 이상 시
예금 인출	인출금액 2억 원 이상 시	인출금액 5억 원 이상 시
상속추정재산가액의 계산	용도 불분명한 금액-Min[인출금액의 20%, 2억 원]*	

* 이 금액이 상속재산가액에 합산된다.

사례

K씨는 비거주자에 해당한다. 그는 국내의 금융계좌에서 상속개시 6개월 전에 3억 원을 인출했다. 그런데 상속인들이 해명한 결과 1억 원은 용도가 입증되지 않았다. 이 경우 얼마만큼의 금액이 상속재산가액에 포함될까?

- 용도 불분명한 금액(인출액-용도 입증금액*)-Min[인출금액의 20%, 2억 원] = 1억 원-Min[3억 원×20%, 2억 원] = 4,000만 원

  * 용도 입증금액 : 공과금, 증여, 카드값, 증여세가 부과되지 않는 학자금, 치료비, 축하금, 생활비 등

☞ 상속추정제도가 적용되는 경우 용도 불분명한 금액 중 인출금액의 20%와 2억 원 중 적은 금액은 상속재산가액에서 제외된다. 따라서 이 금액 이하에서는 현금을 인출하더라도 문제가 없다.

3. 공과금과 채무

비거주자의 상속재산에서 공제되는 공과금과 채무는 거주자와는 달리 극히 제한적이다. 거주자는 모든 공과금과 채무가 공제되나 비거주자는 국내의 해당 상속재산과 관련된 공과금과 채무만 공제되기 때문이다.

4. 사전에 증여한 재산

가장 주의해야 할 주제 중의 하나에 해당한다. 상속세를 회피하기 위해 자녀 등에게 사전에 증여한 금액을 다음과 같이 상속재산가액에 합산하기 때문이다.

- 상속인에게 증여한 경우 : 10년 합산과세를 적용한다.
- 상속인 외의 자*에게 증여한 경우 : 5년 합산과세를 적용한다.

  * 이에는 상속 1순위에 해당하지 않은 손자녀 등과 며느리, 사위, 영리법인 등이 해당한다. 상속인과 상속순위, 상속재산분배방법 등에 대해서는 이 장의 [절세 탐구]에서 다룬다.

사례를 통해 앞의 내용을 확인해보자. 다음 자료를 보고 물음에 답해보자.

자료

- K씨는 미국 영주권자에 해당하며 미국의 거주자에 해당함.
- 국내에 상가가 있음(시세 20억 원, 기준시가 10억 원).
- 그는 5년 전에 국내에 있는 자녀에게 2억 원을 증여했음. 또한, 같은 날에 미국에 거주하고 있는 배우자에게 5억 원을 증여했음.

Q1 K씨가 사망한 경우 상속세는 어느 나라에서 과세되는가?

Q2 K씨의 국내 재산에 대해서도 국내 세법에 따라 상속세가 과세되는데 이때 상가는 얼마로 평가될까?

Q3 배우자에게 증여한 재산가액은 한국의 상속재산가액에 합산되는가?

Q4 K씨에서 한국에서 상속세로 과세될 국내 재산가액은 얼마인가?

이에 대한 답변을 챗GPT는 어떻게 하는지 저자의 답변과 비교해보자.

챗GPT 답변과 저자의 답변 비교

Q1 K씨가 사망한 경우 상속세는 어느 나라에서 과세되는가?

챗GPT의 답변 K씨는 미국 영주권자이고 미국의 거주자다. 따라서 원칙적으로 미국에서 전 세계 소득 및 재산에 대해 상속세를 부과할 수 있다. 또한, 한국에서는 국내 재산에 대해 상속세를 부과할 수 있다. 미국과 한국 간에는 상속세에 대한 이중과세방지협정이 있어서 양국에서의 상속세 과세는 조정될 것이다.

저자의 답변 정확한 답변이다.

Q2 K씨의 국내 재산에 대해서도 국내 세법에 따라 상속세가 과세되는데 이때 상가는 얼마로 평가될까?

챗GPT의 답변 상속세 평가 시에는 기준시가 또는 시세를 고려해 평가한다. 일반적으로 상속세법에서는 기준시가를 사용하므로, K씨의 상가는 기준시가인 10억 원으로 평가될 가능성이 크다. 다만, 특정 상황에서는 시세를 고려할 수도 있다.

저자의 답변 구체성은 떨어지지만, 정답에 가깝다(이러한 문제는 전문가가 최종적으로 해결해야 할 가능성이 크다).

Q3 배우자에게 증여한 재산가액은 한국의 상속재산가액에 합산되는가?

챗GPT의 답변 K씨가 배우자에게 증여한 재산은 미국에 거주하는 배우자에게 증여한 것이므로 한국에서는 증여세가 부과되지 않았다. 따라서 이 재산은 한국의 상속재산가액에 합산되지 않는다.

저자의 답변 정확한 답변이다(처음 답변에서는 틀린 답을 내놓았으나 재차 질문은 한 결과 정확한 답변을 얻었다).

Q4 K씨에서 한국에서 상속세로 과세될 국내 재산가액은 얼마인가?

챗GPT의 답변 다시 계산해보면 :
• 국내 상가의 기준시가 : 10억 원
• 자녀에게 증여한 재산 : 2억 원(이것은 상속개시일 전 5년 이내에 증여된 재산이므로 상속재산가액에 합산된다)
• 배우자에게 증여한 5억 원은 합산되지 않는다.
따라서 한국에서 상속세로 과세될 국내 재산가액은 10억 원(상가) + 2억 원(자녀에게 증여한 재산)＝12억 원
결론적으로, 한국에서 과세될 국내 재산가액은 12억 원이다.

저자의 답변 정확한 답변이다(다만, 상가평가액이 달라지면 결과의 값이 달라질 것이다).

Tip 상속개시 전 무단 자금 인출 시 적용되는 제도

구분	1~2년 이전	2~10년 이전	10~15년 이전	15년 이후
적용되는 제도	상속추정*+ 증여추정**	증여추정	증여추정	(부과제척기간 만료)
결과	선 증여세 과세, 후 상속세 과세***		증여세부과	

* 피상속인이 인출 등을 한 예금 등에 대해 상속인이 용도를 입증케 하고 이를 입증하지 못하면 상속재산가액에 합산하는 제도

** 계좌 등에 입금된 돈에 대한 성격을 규명하지 못하면 증여세를 과세하는 제도

*** 상속세와 증여세 합산과세의 비교

구분	상속세 합산과세	증여세 합산과세
개념	피상속인이 10년(5년) 이내에 증여한 재산을 상속재산가액에 합산해 상속세를 과세하는 제도	동일인으로부터 10년 이내에 증여받은 재산가액을 당해 증여재산가액에 합산해 과세하는 제도
이중과세 조정	증여세 산출세액은 상속세에서 공제	증여세 산출세액은 기납부세액으로 증여세에서 공제
둘의 관계	상속세 합산과세와 증여세 합산과세는 별개의 제도에 해당함.	

비거주자의 상속세를 이해하는 절차

지금까지 공부한 내용을 이해했다면 상속세 계산 정도는 자연스럽게 해볼 수 있을 것이다. 다만, 실무에서 보면 상속세 과세 시 거주자인지, 납세절차 등이 어떻게 되는지 등이 말끔히 해소되지 않는 경우가 많다. 다음에서는 비거주자에 대한 상속세 과세과정을 좀 더 세밀히 살펴보자.

1. 비거주자의 상속세를 이해하는 절차

비거주자에 대한 상속세 신고의 업무절차는 거주자인지 아닌지의 판단부터 시작한다. 물론 거주자인지 아닌지에 따라 상속세 신고방법을 달리한다.

| 거주자인가? | ▶ YES | 전 세계의 재산에 대해 상속세 과세 |

▼ NO

| 국내에 재산이 있는가? | ▶ YES | 국내 재산에 대해 상속세 과세 |

▼ NO ▼

| 상속세 과세하지 않음. | | 거주지국 상속세 신고 및 과세 시 국내분 이중과세 조정 |

(1) 거주자와 비거주자의 판단

이에 대해서는 제2장에서 본 소득법의 내용을 준용한다. 참고로 비거주자가 한국 내에 영주를 목적으로 귀국해 한국 내에서 사망한 경우에는 거주자로 본다. 이러한 규정을 일부러 추가한 것은 한국의 과세권을 넓히려는 취지가 있다.**

* 영주귀국의 신고 및 영주귀국 확인서의 발급이 필요(해외이주법 제12조 및 같은 법 시행규칙 제13조)하다.

** 이 경우 상대국에서도 거주자로 볼 가능성이 있어 이중거주자가 될 수 있으므로 이에 대해 유의해야 한다.

(2) 상속세 과세대상

상속세 과세대상이 되는 상속재산의 범위는 피상속인(사망자)이 거주자인가, 비거주자인가에 따라 달라진다.

구분	상속재산의 범위
거주자가 사망한 경우	거주자의 국내외 모든 상속재산
비거주자가 사망한 경우	국내에 소재한 비거주자의 모든 상속재산

(3) 상속세 신고 및 납부방법

① 국내 절차

- 상속세는 비거주자의 주요 상속재산이 있는 소재지(부동산 소재지)의 관할 세무서에 신고 및 납부한다.
- 신고 및 납부기한은 상속개시일이 속하는 달의 말일로부터 9개월이다. 한편 신고기한으로부터 9개월 이내에 관할 세무서 등에서 이에 대해 검증을 한다.
- 상속세는 전체 재산에 나온 금액을 기준으로 각 상속인이 받은 재산가액을 한도로 납부책임을 진다.
- 비거주자의 국내 재산에 대해 상속세가 부과될 경우, 상속인이나 수유자, 유언집행자는 연대해 그 상속세를 납부할 의무를 지게 된다.
- 납부방법에는 일시납, 분납, 연부연납, 물납 등이 있다.

② 국외 절차

- 거주지국의 상속세 신고제도에 따라 거주지국에서 신고 및 납부를 한다.
- 이때 거주지국에서 상속세가 과세되는 경우 한국에서 납부한 상속세는 거주지국에서 발생한 상속세 한도 내에서 공제된다.

☞ 만약 이중거주자에 해당하면 절차에 따라 거주지국을 결정해야 한다(제2장 참조).

2. 적용 사례

사례를 통해 앞의 내용을 확인해보자. 다음 자료를 보고 물음에 답해보자.

- 피상속인인 K씨는 미국의 거주자로 2024년 10월 31일 사망했음.
- 피상속인 소유의 국내 상속재산은 서울에 있는 주택 1채가 있음(시가 20억 원).
- 피상속인에는 자녀 2명이 있으며, 그중 한 명은 사망했음.
- 상속재산은 자녀 2명에게 50%씩 나누되, 사망한 자녀에 대한 지분은 손자녀 2명에게 유언으로 증여했음.
- 상속인과 유증받은 상속인의 자녀들은 모두 국내 거주자임.

Q1 K씨가 국내에서 보유한 재산 종류 및 재산가액은 얼마로 평가되는가?

Q2 상속인은 누구인가?

Q3 손자녀에게 유증한 재산은 상속재산가액에 포함되는가?

Q4 이 경우 국내에서 상속세는 얼마나 나올까? 이때 손자녀들이 받은 상속재산가액에 할증과세가 적용될까?

Q5 미국에는 국내에서 발생한 상속재산은 언제까지 신고해야 할까? 그리고 미국에서는 상속세가 과세될까? 미국 내의 K씨 상속재산은 100만 불이라고 가정하자.

Q6 한국과 미국의 상속세 이중과세는 어떻게 할까?

이 질문에 대해 챗GPT는 몇 초 만에 다음과 같은 답변을 주었다. 저자의 답변과 비교를 해보자.

챗GPT 답변과 저자의 답변 비교

Q1 **K씨가 국내에서 보유한 재산 종류 및 재산가액은 얼마로 평가되는가?**

챗GPT의 답변 K씨는 서울에 있는 주택 1채를 보유하고 있으며, 이 주택의 시가는 20억 원이다. 따라서 K씨의 국내 상속재산은 주택 1채로, 가액은 20억 원으로 평가된다.

저자의 답변 정확하다.

Q2 **상속인은 누구인가?**

챗GPT의 답변 K씨의 자녀는 2명 있으며, 그중 한 명이 사망했다. 사망한 자녀의 지분은 손자녀 2명에게 유증 되었다. 따라서 K씨의 상속인은 살아 있는 자녀 1명과 사망한 자녀의 손자녀 2명이다.

저자의 답변 정확하다.

Q3 **손자녀에게 유증한 재산은 상속재산가액에 포함되는가?**

챗GPT의 답변 손자녀에게 유증한 재산은 상속재산가액에 포함된다. 상속재산가액에는 상속인뿐만 아니라 유증으로 받은 재산도 포함된다.

저자의 답변 정확하다.

Q4 **이 경우 국내에서 상속세는 얼마나 나올까? 이때 손자녀들이 받은 상속재산가액에 할증과세가 적용될까?**

챗GPT의 답변 • 상속재산가액 : 20억 원
• 상속은 살아 있는 자녀 1명과 손자녀 2명이 받는다.
  – 상속인 분배 :
  – 살아 있는 자녀 : 50%(10억 원)
  – 사망한 자녀의 지분 : 50%(10억 원) → 손자녀 2명에게 유증
• 상속세 계산 :
  – 상속인(살아 있는 자녀) : 10억 원의 상속재산에 대해 상속세를 계산
  – 손자녀 : 10억 원을 2명에게 유증

한국에서는 상속세를 공정하게 과세하지만, 손자녀에게 유증된 재산에 대해서는 별도의 할증과세가 적용되지 않는다.

상속세는 상속재산가액과 상속인 수에 따라 달라지며, 상속세법에 따른 세율 및 공제를 적용해야 한다. 구체적인 세액은 세법에 명시된 세율 및 공제금액에 따라 계산해야 한다.

저자의 답변 이 책을 쓴 시점에서는 상속세 계산을 제대로 할 수 없다. 다만, 대습상속인이 손자녀에 대해서는 할증과세가 되지 않음은 알고 있는 것으로 보인다.

Q5 미국에는 국내에서 발생한 상속재산은 언제까지 신고해야 할까? 그리고 미국에서는 상속세가 과세될까? 미국 내의 K씨 상속재산은 100만 달러라고 가정하자.

챗GPT의 답변 • 미국에서는 상속세 신고를 사망일로부터 9개월 이내에 해야 한다. 상속세 신고는 미국 국세청(IRS)에 제출해야 한다.

• 미국 내 상속세 : 미국에서 상속세는 K씨의 전 세계 재산을 기준으로 과세된다. 미국 내 재산이 100만 달러가 있는 경우, 그 재산과 함께 한국에서의 상속재산도 포함되어야 한다. 미국 상속세는 일정 금액 이상인 경우에만 과세되며, 상속세 면제한도가 초과하지 않으면 세금이 부과된다.

저자의 답변 상속세 신고절차 등은 안내할 수 있으나, 계산은 아직 미흡하다.

Q6 한국과 미국의 상속세 이중과세는 어떻게 할까?

챗GPT의 답변 한국과 미국 간에는 상속세에 대한 이중과세방지협정이 있다. 협정에 따라, 양국에서 과세된 상속세는 조정될 수 있다. 이중과세방지협정에 의하면, 미국에서 발생한 상속세에 대해 한국에서 납부한 상속세를 공제받거나, 한국에서 발생한 상속세에 대해 미국에서 납부한 세금을 공제받을 수 있다. 이 과정에서 정확한 공제 및 조정방법은 세무 전문가와 상담해 결정하는 것이 좋다.

이와 같은 정보를 바탕으로 상속세를 계산하고, 이중과세문제를 해결할 수 있다.

저자의 답변 일반적인 내용으로 답변하고 있다.

비거주자의 상속세 계산법

앞의 사례에서 K씨의 국내 상속재산가액은 20억 원으로 평가되었고, 미국 내의 상속재산가액은 100만 달러라고 했다. 그렇다면 구체적으로 양국에서 낼 상속세는 얼마나 될까? 다음에서 차분히 알아보자.

1. 국내 상속세 계산

국내에서 상속받은 재산은 20억 원이다. 한편 비거주자가 피상속이면 기초공제 2억 원만 공제된다. 따라서 국내에서 납부해야 할 상속세는 다음과 같다.

- 과세표준 : 18억 원(20억 원-2억 원)
- 산출세액 : 5억 6,000만 원(18억 원×40%-누진공제 1억 6,000만 원)
- 납부할 세액 : 5억 4,320만 원(3% 세액공제 차감)

☞ 앞의 상속세는 상속인이 받은 재산가액을 기준으로 납부한다. 상속인들 간에는 연대납부의무가 있다. 즉, 한 사람이 상속세를 납부하지 않으면 국가는 다른 상속인들에게 납부고지서를 보낼 수 있다.

거주자 · 비거주자의 상속세 적용 차이(상증세 집행기준 1-1-1)

구분		거주자	비거주자
신고기한		상속개시일이 속한 달의 말일부터 6개월 이내	상속개시일이 속한 달의 말일부터 9개월 이내
과세대상 자산		국내 · 외의 모든 상속재산	국내에 소재한 상속재산
공제금액	공과금	공제	국내 소재 상속재산에 대한 공과금
	장례비용	공제	공제 안 됨.
	채무	공제	국내 소재 상속재산 관련 저당권 등으로 담보된 채무(전세보증금, 대출 등), 국내 사업장의 사업상 채무
과세표준 계산	기초공제	공제	공제
	가업/영농상속공제	공제	공제 안 됨.
	기타 인적공제	공제	공제 안 됨.
	일괄공제	공제	공제 안 됨.
	배우자공제	공제	공제 안 됨.
	금융재산공제	공제	공제 안 됨.
	동거 주택상속공제	공제	공제 안 됨.
	감정평가수수료 공제	공제	공제

2. 거주지국 상속세 과세

사례의 K씨는 국내에 20억 원(대략 150만 달러), 미국에서 100만 달러의 재산을 소유 중에 사망했다. 그렇다면 미국에서는 어떤 절차에 따라 상속재산가액을 신고해야 하며 이 경우 상속세는 얼마나 나올까?

이에 대해 챗GPT의 답변을 참조해보자.

🗨 챗GPT 답변

1. 상속세 면제한도

- 2024년 면제한도 : 미국에서는 상속세 면제한도가 상당히 높으며, 2024년 기준으로 개인당 1,290만 달러까지 상속세가 면제된다. 즉, 상속재산이 이 금액 이하인 경우 상속세가 부과되지 않는다. 이 면제한도는 부부가 공동으로 상속할 경우 두 배인 2,580만 달러까지 면제된다.

2. 상속세 세율

면제한도를 초과한 재산에 대해서는 상속세가 부과된다. 2024년 기준으로, 상속세는 40%의 최고 세율이 적용된다. 이는 면제한도를 초과하는 금액에 대해 부과되는 세율이다.

K씨는 미국에서는 상속세가 발생하지 않으므로 이 사례의 경우, 국내에서만 상속세가 발생할 가능성이 크다.

🔊 돌발퀴즈

만일 K씨가 국내에서 발생한 상속세를 줄이기 위해서 영주귀국을 선택한 경우 상속세는 어떻게 달라질까?

이 경우 기초공제 2억 원 대신 일괄공제 5억 원을 받는다고 하자(2025년 세법개정안에 의하면 자녀공제액을 1인당 5억 원으로 하고 있다. 이 장의 끝에 수록함).

- 과세표준 : 15억 원(20억 원-5억 원)
- 산출세액 : 4억 4,000만 원(15억 원×40%-누진공제 1억 6,000만 원)
- 납부할 세액 : 4억 2,680만 원(3% 세액공제 차감)

상속세 이중과세 조정

이제 각도를 조금 달리해서 한국 거주자인 부모가 사망 시 상속인이 미국 등의 영주권자나 시민권자인 경우의 상속세 계산방법을 알아보자. 이러한 사례는 조금 복잡하지만, 상속세 과세원리를 이해한다면 그렇게 어렵지 않게 접근할 수 있을 것이다.

1. 상속세 과세대상의 범위

상속세 과세대상은 피상속인이 거주자인지 비거주자인지에 따라 과세대상이 달라진다. 따라서 상속을 거주자가 받는지 비거주자(영주권자 등)가 받는지 아닌지는 덜 중요하다.

구분	상속재산의 범위
① 거주자가 사망한 경우	거주자의 국내외 모든 상속재산
② 비거주자가 사망한 경우	국내에 소재한 비거주자의 모든 상속재산

2. 적용 사례

사례를 통해 앞의 내용을 확인해보자. 다음 자료를 보고 물음에 답해 보자.

자료

- K씨는 국내 거주자에 해당함.
- K씨의 배우자는 국내에 생존해 있음.
- 그의 재산은 총 20억 원으로 평가됨. 채무는 2억 원임.
- 상속인인 자녀 2명은 영국에서 살고 있음. 즉, 영국의 거주자에 해당함.

Q1 한국에서 상속세는 얼마나 예상될까? 단, 일괄공제 5억 원, 배우자 상속공제는 법정상속재산가액을 한도로 받을 수 있다고 가정하자.

이를 해결하기 위해서는 배우자상속공제액을 먼저 알아야 한다. 질문의 가정에 따라 배우자상속공제액을 계산하면 다음과 같다.

- 배우자상속공제액 = 20억 원×1.5/3.5 = 12억 원

따라서 상속세 산출세액은 다음과 같이 예상된다.

- 상속세 과세표준 : 20억 원-17억 원(5억 원+12억 원) = 3억 원
- 산출세액 : 3억 원×20%-1,000만 원 = 5,000만 원

(Q2) 사례에서 영국의 거주자인 자녀가 상속받은 재산에 대해서는 영국에서 상속세가 과세되는가?

아니다. 한국 거주자가 사망한 상황에 해당하기 때문이다. 즉, 상속세는 피상속인의 거주지국에서 과세되는 것을 원칙으로 하고 있다. 다만, 한국 거주자가 보유한 재산이 영국에 있는 경우에는 영국에서도 상속세가 과세될 수 있다. 이 경우 이중과세의 문제가 발생할 수 있다.

참고로 영국의 상속세 과세제도는 한국의 상속세 과세제도와는 다르게 운용된다. 챗GPT를 통해 알아보기 바란다.

(Q3) 만일 K씨가 영국에서도 재산을 가지고 있는 경우로서 영국에서 상속세가 과세된 경우 이중과세 조정은 어떻게 하는가?

국내에서 상속세를 계산할 때 외국에서 납부한 상속세액이 있다면 외국에서 납부한 상속세액과 아래 공제세액 중 적은 금액을 외국납부세액으로 공제받을 수 있다.

$$공제세액_{(한도)} = 상속세\ 산출세액 \times \frac{외국에서\ 상속세가\ 부과된\ 과세표준}{총\ 상속세\ 과세표준}$$

상속세, 거주자가 유리할까? 비거주자가 유리할까?

국내에 재산을 보유한 경우 그 소유자가 거주자인지 비거주자인지에 따라 국내와 국외에서 내는 상속세 과세방식이 다르다. 이렇게 과세방식이 달라지면 당연히 내는 세금의 양이 달라진다. 다음에서는 이에 관련된 내용을 살펴보자.

1. 국내 거주자가 유리한 경우

국내에 재산이 많은 경우에는 국내 거주자 상태에서 상속세를 내는 것이 유리할 수 있다. 다만, 다음과 같은 조건을 충족해야 한다. 참고로 상속세 제도는 늘 변동이 있을 수 있으므로 최신의 내용을 통해 이를 점검해야 한다.

• 배우자가 생존해 있을 것(배우자상속공제액을 최대 30억 원까지 받을 수 있기 때문임)
• 가업이나 영농에 종사하는 경우(가업상속공제는 최대 600억 원, 영농상속공

제는 30억 원까지 공제할 수 있기 때문임) 등

☞ 이 경우에도 국외에 부동산 등이 많이 있으면 해당 국가에서 상속세를 과세가 되며, 이때 국내보다 국외에서 상속세를 내는 것이 더 유리할 수 있으므로, 국내 거주자로 전환하더라도 효과가 없을 수 있다. 자세한 내용은 아래에서 사례를 통해 알아보자.

2. 국외 거주자(비거주자)가 유리한 경우

• 국외 거주지국에서 상속세를 면제받는 경우(미국의 경우 $12.92 million 이하는 상속세가 면제됨) 등

☞ 국가별 상속세 과세제도는 나라마다 차이가 있으므로 실무에서는 과세제도를 먼저 파악해야 한다([Tip] 참조).

3. 적용 사례

사례를 통해 앞의 내용을 확인해보자. 다음 자료를 보고 물음에 답해보자.

자료

• K씨는 일본의 거주자에 해당함.
• K씨는 국내에 10억 원(1억 엔 가정) 대의 빌딩을 보유하고 있음.
• K씨의 일본 내의 재산은 2억 엔에 해당함.
• 일본에서 상속세 과세 시 2억 엔(기본공제+배우자공제 등)이 공제됨.

(Q1) K씨가 일본에서 사망한 경우 일본 상속세는 얼마나 예상되는가?

일본의 거주자인 경우 국내외 재산을 합하므로 이 경우 3억 엔이 되며 상속공제액이 2억 엔이므로 1억 엔이 상속세 과세표준이 된다. 참고로 일본의 상속세율은 1억 엔까지는 10%, 3억 엔까지는 20%, 5억 엔까지는 30%, 억 원, 30억 엔까지는 40% 등이 적용된다(최고 55%). 따라서 사례의 산출세액은 다음과 같다.

- 상속세 산출세액 = 1억 엔×10% = 1,000만 엔*
  * 원화로 대략 하면 1억 원이 된다.

(Q2) 만일 K씨가 국내로 영주귀국하면 국내에서는 얼마의 상속세를 내야 하는가? 배우자상속공제액 등 총공제액은 12억 원 정도가 된다고 하자.

한국의 거주자가 되어 한국에서 상속세가 과세되는 경우 다음과 같이 예상된다.

- 상속세 과세표준 : 30억 원-12억 원 = 18억 원
- 산출세액 : 18억 원×40%-1억 6,000만 원(누진공제) = 5억 6,000만 원

(Q3) 이들 결과에서 무엇을 얻을 수 있는가?

사례의 경우 일본은 1억 원, 한국은 5억 6,000만 원이 나왔다. 따라서 사례자의 경우 굳이 상속세를 국내에서 납부할 이유가 없어 일본에서 상속세를 낼 가능성이 커 보인다.

☞ 이러한 상속세 공제와 세율 등의 차이로 인해 국내에서 과중한 세금을 이기지 못해 외국으로 이민을 가는 예도 있다. 하지만, 해당 부동산을 양도하면 양도세가 많이 나올 수 있으며, 이를 두고 이민을 가면 오히려 국내에서 상속세가 과도하게 나올 가능성이 크다. 따라서 세금 경감을 이유로 이민을 결정할 때는 여러 사안을 검토해야 할 것으로 보인다.

> **Tip** **국가별 상속세 과세방식**
>
> 국가별 상속세 과세방식 중 면세한도와 세율 정도만 점검해보자. 자세한 것은 별도로 알아봐야 한다(챗GPT 제공).

챗GPT 답변

국가명	내용
1. 미국	미국은 연방 차원에서 상속세를 부과하지 않으며, 대신 '상속세'가 아닌 '부유세(Estate Tax)'를 부과함. 상속세는 특정 재산의 가액이 일정 금액을 초과할 때 부과됨.
	면세한도 : 2024년 기준으로, 상속재산의 면세한도는 약 12.92M 달러임. 이 금액을 초과하는 재산에 대해서는 최대 40%의 세율이 적용됨.
	주 차원 상속세 : 일부 주에서는 별도로 상속세를 부과할 수 있으며, 면세한도와 세율은 주마다 다름.
2. 영국	면세한도 : 2024년 기준으로 면세한도는 32만 파운드임. 이 금액을 초과하는 부분에 대해 40%의 세율이 적용됨. 만약 상속재산이 배우자에게 상속될 경우, 면세한도는 무제한임.
3. 프랑스	면세한도 : 2024년 기준으로, 배우자와 자녀에게는 각각 10만 유로, 15만 유로가 면세한도임. 이 금액을 초과하는 부분에 대해 5%에서 60%까지의 세율이 적용됨.
4. 독일	면세한도 : 2024년 기준으로, 배우자에게는 50만 유로, 자녀에게는 40만 유로의 면세한도가 적용됨. 초과하는 자산에 대해 7%에서 50%까지의 세율이 적용됨.
5. 일본	면세한도 : 2024년 기준으로, 기본 면세한도는 3,200만 엔이며, 배우자와 자녀에게는 추가 면세한도가 적용됨. 초과하는 자산에 대해 10%에서 55%까지의 세율이 적용됨.

2024년 7월 25일에 한국 정부에서 발표한 상속세 등과 관련된 세법개정안을 요약하면 다음과 같다. 그런데 이 개정안의 모든 항목은 2024년 12월 10일 국회를 통과하지 못했다. 세수 감소를 우려한 조치에서 그렇다. 참고로 이에 대한 분석은 저자의 신간 《가족 간 상속·증여 영리법인으로 하라!》에서 살펴볼 수 있다.

구분	현행	개정안
1. 세율 인하	10~50%	10~40% (10억 원 초과분 40%)
2. 자녀 상속공제액 인상	1인당 5,000만 원	5억 원(10배 인상)
3. 대주주 할증 과세 폐지	대기업 대주주 20% 할증 과세	폐지
4. 기타	• 일괄공제 5억 원 • 배우자상속공제 5~30억 원	• 좌동 • 좌동

세율 변경안

현행		개정안	
과세표준	세율 (누진공제)	과세표준	세율 (누진공제)
1억 원 이하	10% –	2억 원 이하	10% –
1억 원 초과 5억 원 이하	20% (1,000만 원)	2억 원 초과 5억 원 이하	20% (2,000만 원)
5억 원 초과 10억 원 이하	30% (6,000만 원)	5억 원 초과 10억 원 이하	30% (7,000만 원)
10억 원 초과 30억 원 이하	40% (1억 6,000만 원)	10억 원 초과	40% (1억 7,000만 원)
30억 원 초과	50% (4억 6,000만 원)		

자녀공제 변경안

구분		현행	개정안
기초공제		2억 원	좌동
그 밖의 인적공제	자녀공제	1인당 5,000만 원	1인당 5억 원
	미성년자공제	1인당 1,000만 원× 19세까지의 달하기 연수	좌동
	연로자공제	1인당 5,000만 원	좌동
	장애인공제	1인당 1,000만 원× 기대여명 연수	좌동
일괄공제*		5억 원	좌동

* 기초공제(2억 원)와 그 밖의 인적공제 합계액과 일괄공제(5억 원) 중 큰 금액을 공제한다.

※ 저자 주

2025년에도 현행의 상속세율 등이 그대로 적용된다. 따라서 독자들은 현행의 세법에 따라 대응책을 마련해야 한다. 이에 대한 자세한 내용은 저자의《상속·증여 세무 가이드북》,《가족 간 상속·증여 영리법인으로 하라!》등을 참조하기 바란다.

상속이 발생한 경우 상속세를 예측하고 상속재산 배분 방법 등을 순차적으로 검토하게 된다. 그런데 이 중 상속재산에 대한 배분 방법이 말끔하게 결정되지 않으면 상속인들 간에 분쟁이 발생할 소지가 크다. 그렇다면 상속재산은 어떻게 배분하는 것이 좋을까?

1. 상속인

민법에서 정하고 있는 상속순위는 다음과 같다.

순위	상속인	비고
1순위	직계비속, 배우자	항상 상속인이 된다.
2순위	직계존속, 배우자	직계비속이 없는 경우 상속인이 된다.
3순위	형제자매	1, 2순위가 없는 경우 상속인이 된다.
4순위	4촌 이내의 방계혈족	1, 2, 3순위가 없는 경우 상속인이 된다.

※ 상속순위 결정 시 점검할 내용들

- 법정상속인의 결정에 있어서 같은 순위의 상속인이 여러 명이면 촌수가 가장 가까운 상속인을 우선순위로 한다. 촌수가 같은 상속인이 여러 명이면 공동상속인이 된다.
  (예) 피상속인의 직계비속으로 자녀 2인과 손·자녀 2인이 있는 경우 자녀 2인이 공동상속인이 되며 손·자녀는 법정상속인이 되지 못한다.
- 상속순위를 결정할 때 태아는 이미 출생한 것으로 본다.
- 배우자는 1순위인 직계비속과 같은 순위로 공동상속인이 되며, 직계비속이 없는 경우에는 2순위인 직계존속과 공동상속인이 된다.
- 부모가 이혼한 상태에서 부모 운명 시 직계비속인 자녀는 1순위 상속인에 해당한다.
- 입양 자녀는 양부모와 친부모의 1순위 상속인에 해당한다. 입양 자녀는 친부모가 운명한 때도 상속을 받을 수 있다.

2. 민법상 상속재산 분할방법

상속재산은 원칙적으로 다음과 같은 순서에 따라 분할된다.

① 유언에 의한 분할→② 협의에 따른 분할→③ 법원의 조정 또는 심판에 의한 분할

참고로 법정상속지분으로 상속재산이 분할되면 직계비속, 배우자는 1.5의 지분을 가진다.

※ 민법 제1009조【법정상속분】

① 동순위의 상속인이 수인일 때에는 그 상속분은 균분으로 한다.
② 피상속인 배우자의 상속분은 직계비속과 공동으로 상속하는 때에는 직계비속의 상속분의 5할을 가산하고, 직계존속과 공동으로 상속하는 때에는 직계존속의 상속분의 5할을 가산한다.

앞의 규정에 따라 법정상속분을 예시해보면 다음과 같다.

상속인	상속분	비율
장남과 배우자만 있는 경우	장남 1	2/5
	배우자 1.5	3/5
장남, 장녀(미혼), 배우자만 있는 경우	장남 1	2/7
	장녀 1	2/7
	배우자 1.5	3/7

3. 적용 사례

서울 마포구 신수동에서 오랫동안 거주한 K씨가 운명했다. 그가 남긴 재산에는 주택 1채(시가 6억 원 상당)와 현금 1억 원 정도가 있었다. 유족에는 배우자와 자녀 2명, 손·자녀 4명 등이 있다. K씨의 유산은 어떤 식으로 분할이 될까?

위에 대한 답을 하기 위해서는 다음과 같은 절차로 해결하는 것이 좋다.

첫째, 사례에서의 상속인은 배우자와 자녀 2명이 해당된다.
둘째, 사례에서 만일 유언이 없다면 상속인들 간에 협의분할을 통해 상속재산을 분할할 수 있다.
셋째, 협의분할이 안 될 때는 법원의 조정이나 심판에 따라 분할할 수 있다. 여기서 법원의 조정 등에 의해 법정상속지분으로 재산분할이 결정되면 다음과 같이 각자의 몫이 결정된다. 앞에서 총상속재산가액은 7억 원으로 결정되었다.

상속인	상속분	비율	법정 상속가액
자녀1	자녀1 1	2/7	2억 원
자녀2	자녀2 1	2/7	2억 원
배우자	배우자 1.5	3/7	3억 원
계	3.5	100%	7억 원

☞ 가족 간 상속 분쟁을 예방하기 위해서는 생전이나 사후에 재산이 공평하게 분배되는 것이 좋다.

Tip 영주권자 등의 상속재산분할 협의

상속인 중 영주권자(국민)와 시민권자(외국인)가 있는 경우의 상속재산분할 협의에 대해 알아보면 다음과 같다.

1. 국내로 입국해 국내에 30일 이상 체류하는 경우

출입국관리사무소에 신고한 체류지 관할 동사무소에서 인감을 등록(영주권자)한 후 이를 발급받을 수 있다.

2. 국내로 들어오지 않는 경우

이때에는 다음의 두 가지 방법의 하나를 선택하면 된다.

① 외국에서 '상속재산분할협의서'에 서명하고 이를 공증해 국내로 보내오는 방식

② 처분의 위임장을 공증해 국내로 보낸 후 그 대리인이 다른 상속인들과 같이 상속재산분할협의서에 인감을 도장을 찍는 방식

이 중 ②의 방법은 상속재산분할 협의를 위해 대리인에게 부동산 표시를 기재한 후 누구를 상속재산 취득자로 정해 협의할 것을 위임한다는 취지로 작성하고 이때 서명인증서와 거주사실증명서(공증)를 첨부해야 한다.

☞ 참고로 국내에서 상속받은 부동산을 영주권자 또는 시민권자 앞으로 등기하고자 하는 경우 어떤 서류가 필요한지 등에 대해서는 별도로 확인하기 바란다.

제 **8** 장

비거주자와
증여세 세무처리법

거주자와 비거주자의 증여세 과세방식

이제 비거주자를 중심으로 증여세 과세문제를 알아보자. 비거주자 관련 증여세 과세문제는 앞에서 본 비거주자 양도세나 상속세에 비해 그렇게 어려운 주제가 아니다. 보통 국내 거주자로부터 비거주자가 증여를 받으면 증여재산공제 없이 국내에서 증여세가 과세되기 때문이다. 하지만 실제 비거주자 관련한 증여세를 처리할 때 고려해야 할 점들이 한둘이 아니다. 그래서 먼저 거주자와 비거주자에 대한 증여세 과세방식부터 정리가 필요하다. 다음을 참조하자.

1. 거주자와 비거주자의 구분

이에 대해서는 소득법에서 살펴본 것과 같이 판단한다. 제2장을 참조하면 된다.

2. 거주자와 비거주자의 증여세 과세대상 범위

국내 거주자가 수증자가 된 경우에는 거주지국 과세원칙에 따라 국내와 국외의 재산 모두에 대해 과세된다. 즉, 과세권이 국내외를 가리지 않고 발동된다. 하지만 수증자가 비거주자면 국내 재산에 대해서만 증여세가 과세된다.

구분	과세되는 증여재산의 범위	비고
수증자가 거주자인 경우	국내외 모든 증여재산	국외 재산에 대해서는 상대국에서 과세가능(이중과세의 문제)
수증자가 비거주자인 경우	국내 소재 증여재산	국외 거주지국에서도 과세가능 (이중과세의 문제)

3. 증여세 과세대상 세부적으로 확인하기

앞에서 본 증여세 과세대상을 더욱 자세히 보자. 이를 이해하지 못하면 다소 복잡한 상황에서 증여세 과세문제를 해결할 수 없다.

(1) 수증자가 거주자인 경우

수증자가 국내 거주자면 증여자가 비거주인지 등의 여부에도 불구하고 국내에서 증여세가 과세된다.

증여자	수증자	증여재산	증여세 과세
① 거주자	거주자	국내분	국내에서 과세됨.
② 거주자	거주자	국외분	상동
③ 비거주자	거주자	국내분	상동
④ 비거주자	거주자	국외분	상동

참고로 표의 ①를 제외하고는 상대국에서도 증여세 과세대상이 될 수 있어 이중과세의 문제가 있을 수 있다. 따라서 각 나라에서 증여세가 과세되는지의 여부를 확인해야 한다.

(2) 수증자가 비거주자인 경우

비거주자가 수증자인 경우 국내 재산을 증여받은 경우에만 비거주자에게 증여세가 과세된다. 이 경우에는 거주지국에서도 과세되는 것이 일반적이다.

증여자	수증자	증여재산	국내 증여세 과세
거주자	비거주자	국내분	국내에서 과세됨.
거주자	비거주자	국외분	과세되지 않음.
비거주자	비거주자	국내분	국내에서 과세됨.
비거주자	비거주자	국외분	과세되지 않음.

4. 증여세 납세의무

한국의 경우 증여를 받은 자가 증여세를 납부한다.* 다만, 다음의 경우에는 증여자에게 연대납세의무**가 있다.

* 미국의 경우에는 증여자가 증여세 납부 의무가 있다.

** 수증자가 납부할 수 없는 상황에서 증여자가 내는 경우를 말한다. 이 경우 대납한 증여세에 대해서는 증여세 납세의무가 없다.

1. 수증자의 주소나 거소가 분명하지 아니한 경우로서 증여세에 대한 조세채권(租稅債權)을 확보하기 곤란한 경우
2. 수증자가 증여세를 납부할 능력이 없다고 인정되는 경우로서 강제징수를 해도 증여세에 대한 조세채권을 확보하기 곤란한 경우
3. 수증자가 비거주자인 경우

☞ 거주자가 비거주자에게 국외 재산을 증여하는 경우에는 '국제조세조정에 관한 법률' 제35조에 의거해 증여인인 거주자에게 증여세 납세의무가 있다.

> **Tip** 한국과 미국의 증여세 과세 사례
>
> 한국 또는 미국에서 증여가 이루어지면 증여자가 미국 시민인지 아닌지, 증여자가 어느 나라 거주자인지, 수증자가 어느 나라 거주자인지, 재산이 어느 나라에 있는 지에 따라서 다음에서 보는 바와 같이 여러 가지 사례가 발생할 수 있고, 이중과세가 발생하는 때도 있으므로 주의가 필요하다.
>
> | 증여자
거주지 | 수증자
거주지 | 재산
소재지 | 미국
증여세 | 한국
증여세 |
> |---|---|---|---|---|
> | 미국 | 미국 | 미국 | 과세* | 비과세 |
> | 미국 | 미국 | 한국 | 과세 | 과세 |
> | 미국 | 한국 | 미국 | 과세 | 과세 |
> | 미국 | 한국 | 한국 | 과세 | 과세 |
> | 한국 | 미국 | 미국 | 과세 | 비과세 |
> | 한국 | 미국 | 한국 | 비과세 | 과세 |
> | 한국 | 한국 | 미국 | 과세 | 과세 |
> | 한국 | 한국 | 한국 | 비과세 | 과세 |
>
> * 위 표에서 '과세'라는 것은 한국의 경우 증여재산공제, 미국의 경우 'Unified Tax Credit' 등 각종 공제를 적용한 결과 납부할 증여세가 없는 경우도 포함하므로, 양국에서 '과세'라 하더라 도 실질적으로는 이중과세가 발생하지 않는 경우도 많음.

거주자와 비거주자의 증여세 계산구조

증여세를 계산하기 위해서는 거주자와 비거주자의 계산구조를 비교할 필요가 있다. 물론 비거주자가 수증자면 증여공제가 적용되지 않으므로, 이 부분만 차이가 나고 나머지는 거주자와 대동소이(大同小異)하다고 볼 수 있다.

1. 거주자와 비거주자의 증여세 계산구조

수증자가 거주자인지 비거주자인지에 따라 과세되는 구조가 다음과 같이 차이가 난다.

구분	거주자	비거주자
증여재산가액	• 시가 원칙 • 10년 내 증여금액 합산	• 좌동 • 좌동
-증여재산공제	6억 원, 5,000만 원 등	적용하지 않음.
=과세표준	×××	×××

구분	거주자	비거주자
×세율	10~50%*	좌동
−누진공제		
=산출세액	×××	×××
−신고세액공제		
=결정세액	×××	×××

* 증여세율은 상속세율의 체계와 같다. 268페이지를 참조하기 바란다.

2. 적용 사례

사례를 통해 위의 내용을 확인해보자. 다음 자료를 보고 물음에 답해
보자.

> **자료**
> • K씨는 국내 거주자에 해당함.
> • 그의 배우자는 국외 영주권자에 해당함.

Q1 K씨가 생활비를 배우자한테 송금하면 증여세가 나올까?

민법상 부양의무가 있는 가족에게 보낸 생활비에 대해서는 증여세가
과세되지 않는 것이 원칙이다. 참고로 부양의무가 없는 가족에 대해서
는 증여세가 발생할 수 있다.*

* 이 부분에 대해서는 세무 전문가로부터 확인하기 바란다. 참고로 저자의 《절반으로 줄이는 상속·증여
절세법》, 《상속·증여 세무 가이드북》 등을 참조해도 된다.

Q2 만일 K씨가 영주권자인 배우자한테 5억 원을 보내면 증여세는 얼마나 나올까? 배우자가 거주자인 경우와 아닌 경우로 구분해서 계산해 보자.

구분	거주자	비거주자
증여재산가액	5억 원	5억 원
−증여재산공제	6억 원	0원
=과세표준	0원	5억 원
×세율		20%
−누진공제		1,000만 원
=산출세액		9,000만 원
−신고세액공제		270만 원
=결정세액		8,730만 원

Q3 이 경우 국외 영주권자인 배우자는 비거주자에 해당하는가?

아니다. 제2장 등에서 살펴본 것처럼 종합적인 판단을 거쳐 비거주자 판단을 내려야 할 것으로 보인다.

거주자가 국내 재산을 비거주자에게 증여하는 경우

일반적으로 비거주자의 증여는 국내의 거주자가 해외에 나가 있는 비거주자에 대해 이루어지는 경우가 많다. 그렇다면 구체적으로 어떻게 세금을 계산할까? 다음에서 이에 대해 알아보자.

1. 국내 거주자가 비거주자에게 증여하는 경우의 과세방식

(1) 증여공제

국내 거주자가 증여를 받으면 자녀의 경우 5,000만 원(미성년자는 2,000만 원), 기타 혼인출산 시 이와 별도로 1억 원을 증여받을 수 있다. 하지만 비거주자가 증여를 받으면 이러한 공제를 받지 못한다.

(2) 적용세율

증여세는 10~50%의 세율이 적용된다.

2. 적용 사례

사례를 통해 앞의 내용을 확인해보자. 다음 자료를 보고 물음에 답해보자.

자료

- K씨는 국내 거주자에 해당함.
- K씨의 자녀는 국내 비거주자에 해당함.

Q1 K씨가 미국의 자녀에게 생활비 명목으로 1,000만 원을 보냈다. 자녀에게 증여세가 부과될까?

생활비나 학자금 등은 민법상 증여세 과세대상이 아니다. 물론 생활비 명목으로 받은 돈을 자산축적에 사용하면 증여세가 부과될 수 있다. 사례의 경우에는 증여세가 과세되기는 현실적으로 어려울 것으로 보인다.

Q2 K씨가 미국의 자녀에게 국내의 부동산을 증여했다. 시가가 5억 원이라면 증여세는 얼마인가?

5억 원에 대해 20%의 세율과 누진공제 1,000만 원을 차감하면 9,000만 원이 증여세 산출세액이 된다.

돌발퀴즈

이때 K씨가 증여세를 대신 납부해주면 증여세가 다시 부과되는가?
아니다. 연대해 납부한 금액에 대해서는 재차 증여세가 부과되지 않는다.

Q3 Q 2에서 K씨의 자녀는 미국 국세청에 증여세를 신고해야 하는가?

그렇다. 미국은 평생 증여세 면제한도($12.92 million)제도가 있기 때문이다. 즉, 누적관리를 위해 신고가 필요하다.

Q4 사례의 경우 미국에서 내야 할 증여세는 얼마나 되는가? 참고로 연간 증여세 면제금액은 17,000달러이며, 환율은 1달러당 1,290원을 적용하기로 한다.

미국 거주자가 한국에서 5억 원 상당의 부동산을 증여받을 경우 미국에서 증여세를 계산하는 방법은 다음과 같다.

① 환율 계산
한국 원화로 된 금액을 미국 달러로 환산한다.

• 5억 원/1,290원 = 약 387,597.67달러

② 연간 면제한도 적용
2024년 기준으로 연간 면제한도는 17,000달러다. 따라서 증여금액에서 17,000달러를 제외한 나머지 금액에 대해 증여세가 부과된다. 다만, 이때에는 평생 면제한도를 적용하므로 이 경우 증여세를 내지 않아도 된다.

• 연간 한도 적용 : 387,597.67달러−17,000달러 = 370,597.67달러
• 평생 면제한도 적용 : 평생 면제한도는 $12.92 million(M)*임.
  * 원화로 환산하면 170억 원가량이 됨.

실무 적용 시에는 전문가 등을 통해 별도로 확인하기 바란다.

챗GPT 답변

나라	증여세 세율	면세한도	비고
미국	18~40% (누진세율)	$17,000 (2023년 기준)	연간 면세한도 : 생애 면세한도 $12.92M
영국	20~40% (누진세율)	£3,000 (연간)	생애 면세한도 £325,000 : 배우자 면세한도 £650,000
독일	7~30% (누진세율)	€20,000 (친척)	생애 면세한도 : 자녀 €400,000, 배우자 €500,000
프랑스	5~60% (누진세율)	€100,000 (자녀)	생애 면세한도 : 자녀 €100,000, 배우자 €80,724
일본	10~55% (누진세율)	¥1,100,000 (연간)	생애 면세한도 : 자녀 ¥30,000,000, 배우자 ¥60,000,000
호주	증여세 없음.	N/A	상속세와 증여세가 없음 : 상속세는 자산세와 같은 다른 방식으로 과세됨.

사전증여와
상속세 합산과세

상속세와 증여세의 세율은 10~50%로 상속재산이나 증여재산이 많을수록 세 부담이 늘어나는 식으로 되어 있다. 따라서 이러한 누진적인 세 부담을 줄이기 위해서는 상속 전에 증여를 쪼개서 하면 상속세나 증여세를 줄일 수 있다. 하지만 이렇게 되면 상속세와 증여세의 과세제도가 유명무실해질 수 있다. 이에 현행 상증법에서는 10년(5년) 합산과세제도를 두고 있다. 다음에서 개인의 합산과세제도를 법인과 비교해보자.

1. 사전증여와 합산과세

상속세를 낮추기 위해 사전에 증여한 경우에는 다음과 같이 상속세 합산과세를 적용한다. 참고로 매매는 합산과세와 관계가 없다.

구분	상속인	상속인 외의 자
합산기간	10년	5년
합산금액	증여일 당시의 가액	좌동

* 피상속인의 배우자와 자녀 등을 말한다. 손·자녀의 경우 대습상속이 아닌 한 상속인이 되지 못한다.

** 상속인 외의 모든 자를 말한다. 이에는 영리법인을 포함한다.

☞ 상속세 합산과세는 보통 10년이 적용되므로 이를 피하기 위해서는 상속개시일로부터 10년 전에 증여가 완료되어야 한다. 만일 70세에 사전증여를 하면 80세에, 80세라면 90세 이후에 상속이 발생해야 한다. 따라서 사전증여 시점이 늦으면 늦을수록 재산분산의 효과가 떨어질 수밖에 없다.

2. 적용 사례

사례를 통해 위의 내용을 확인해보자. 다음 자료를 보고 물음에 답해보자.

자료

• K씨가 부친으로부터 증여받은 금액(부친은 미국의 영주권자임)
– 2021년 1월 3억 원(예금)
– 2025년 1월 예상 5억 원(부동산)

Q1 K씨가 비거주자인 부친으로부터 부동산을 증여받으면 증여세 합산과세가 적용되는가?

그렇다. 2021년의 3억 원과 2025년에 받게 될 5억 원을 합해 총 8억 원에 대해 증여세를 계산해야 한다. 물론 2021년에 낸 증여세 산출세액은 2025년 증여세 산출세액에서 공제된다.

Q2 만일 K씨의 부친이 2036년에 사망한 경우라면 상속재산가액에 합산되는 증여재산가액은?

부친의 재산이 국내에 없는 경우에는 기존 증여세 신고로 납세의무가 종결된다. 하지만 부친의 재산이 국내에 있으면 국내의 재산과 사전에 증여한 재산을 합산해 국내에서도 상속세가 과세된다. 이 경우 합산 기간은 상속인은 10년, 상속인 외의 자는 5년이다.

(Q3) 미국의 상속세는 어떻게 과세되는가?

국내의 재산을 포함한 미국 내의 재산을 합한 금액에서 $12.92 million(대략 170억 원)을 초과해야 상속세가 나올 수 있다. 따라서 이 금액에 미달하면 상속세 과세의 가능성이 없다고 볼 수 있다. 이 경우에는 한국 내에서 발생한 상속세도 미국에서 공제받을 수 없다.

신방수 세무사의
비거주자 부동산 절세 가이드북

제1판 1쇄 2025년 1월 2일

지은이 신방수
펴낸이 한성주
펴낸곳 ㈜두드림미디어
책임편집 이향선
디자인 노경녀(nkn3383@naver.com)

㈜두드림미디어
등 록 2015년 3월 25일(제2022-000009호)
주 소 서울시 강서구 공항대로 219, 620호, 621호
전 화 02)333-3577
팩 스 02)6455-3477
이메일 dodreamedia@naver.com(원고 투고 및 출판 관련 문의)
카 페 https://cafe.naver.com/dodreamedia

ISBN 979-11-94223-30-6 (03320)

**책 내용에 관한 궁금증은 표지 앞날개에 있는 저자의 이메일이나
저자의 각종 SNS 연락처로 문의해주시길 바랍니다.**